HERRSCHER
HÖFE
HINTERGRÜNDE

Herausgegeben von
Manfred Kossok

EDITHA KROSS

AM HOFE
HEINRICHS VIII.

EDITION LEIPZIG

FRONTISPIZ

Tafelfreuden:
Königliches Mahl im Privatgemach.
Tintenzeichnung von Hans Holbein d. J.
British Library, London

Die Deutsche Bibliothek – CIP-Einheitsaufnahme
Kross, Editha:
Am Hofe Heinrichs VIII. / Editha Kross: Ed.
Leipzig, 1992
(Herrscher, Höfe, Hintergründe)
ISBN 3-361-00368-7

© 1992 by Edition Leipzig
Gestaltung und Karte: Matthias Dittmann, Leipzig
Satz: INTERDRUCK Leipzig GmbH
Reproduktionen: Reprocolor GmbH, Leipzig
Druck und Binden: Verlag und Druckerei Fortschritt Erfurt GmbH
Printed in Germany
ISBN: 3-361-00368-7

INHALT

VORWORT

Beeindruckend wirkt er schon, wie Hans Holbein d. J. ihn auf die Leinwand gebannt hat: von wuchtiger Korpulenz, physisch allem gewachsen und mit einem Drang, sich hemmungslos auszuleben, ein Gesichtsausdruck, in dem sich Klugheit und Eigenwillen mit der Freude am Leben und seinen sinnlichen Genüssen mischen, aufnahmefähig, vielseitig begabt und tatendurstig – Heinrich VIII., König von England von 1509 bis 1547.

Genau ein halbes Jahrtausend ist es her, seit dieser Mann das Licht der Welt erblickte, hineingeboren in eine Zeit, die gut war für große Männer – und Heinrich wurde diesem Anspruch gerecht. Er, ein Renaissancefürst im besten Sinne des Wortes, prägte ein gut Teil des berühmten Cinquecento mit, in das solche Namen wie da Vinci, Raffael und Dürer, Michelangelo Buonarroti und Tizian, wie Melanchthon, Machiavelli, Loyola, Copernicus, Calvin und Luther, wie Columbus, Cabot, Pizzarro und Cortez, aber auch Erasmus und natürlich Thomas Morus gehörten. Und während Länder wie Italien, Spanien oder auch Frankreich im europäischen Konzert der Mächte schon einigermaßen professionell ihren Part spielen gelernt hatten,

schickte England sich an – nachdem es seine Instrumente recht sorgfältig gestimmt hatte –, in das Stück einzusteigen, versuchte bisweilen sogar – wenn auch noch mit wenig Erfolg – den Ton anzugeben.

Der Eintritt in dieses Jahrhundert – das sechzehnte – war nicht nur eine Jahrhundertwende, sondern wurde zur Zeitenwende, den Menschen völlig neue Horizonte öffnend. Dafür stehen die unvergleichliche Kunst der Renaissance ebenso wie die von unerschrockenen und rücksichtslosen Weltenseglern gemachten Entdeckungen und Eroberungen, verbunden mit dem beginnenden Welthandel, aber auch die Umwälzungen in der damals in jede Faser und jeden Bereich des menschlichen Daseins eindringenden Kirche, wodurch das neue Zeitalter eine adäquate ideologische Basis erhielt. Neben den geistlichen Lehrer trat gleichberechtigt der geistige, neben die Kirche die Wissenschaft. Und all das neue Wissen drang dank der neuentdeckten Buchdruckerkunst mit bisher unbekannter Geschwindigkeit auch in die entlegensten Städte des Abendlandes.

Das alles verband sich mit der Tendenz zur Schaffung von Nationalstaaten. Den sich in Entwicklung befindlichen absoluten Monarchien kam dabei die Aufgabe zu, den partikularistischen Bestrebungen verschiedener Fürstenhäuser die zentrale Autorität monarchischer Organisation und Stärke entgegenzusetzen. Kirchen- und Finanzhoheit der Krone – verbunden mit zentraler Förderung von Handel und Gewerbe – gehörten hierbei ebenso zu den Stützpfeilern der Herrschaft wie der königliche Oberbefehl über Heer und Flotte und die generelle Konzentration der Macht in den Händen des absoluten Monarchen, widergespiegelt im den Nabel des Königreichs darstellenden Hof.

Der Königshof in England bekam unter Heinrich VIII. den der damaligen Zeit adäquaten Zuschnitt, indem dieser Monarch die von seinem Großvater und Vater betriebene Politik des Ausbaus der absoluten Königsgewalt fortsetzte und zu einem ersten Höhepunkt führte. Der Hof erhielt das Gepräge eines Fürstenhofes der Renaissance mit Musik und Kunst, ritterlichen Waffenübungen und heiteren Gesellschaften, prächtigen Bauten und prunkvollen Zeremonien. Er stellte das Zentrum von Macht, Profit und Politik dar.

Ansehen und Macht der großen Adligen wurden nun weniger durch die Stärke ihrer bewaffneten Gefolgschaften bewiesen als vielmehr nach ihrem Gewand und Auftreten sowie dem Stil und Aufwand ihrer Häuser und Lebensweise gemessen. Heinrich versuchte, sie an den Hof zu ziehen, denn weniger der Grundbesitz wurde nun ausschlaggebend für die soziale Stellung als vielmehr der Dienst am König, was wiederum zur beträchtlichen Erweiterung des Grundbesitzes der verschiedenen Adligen beziehungsweise Geadelten führen konnte. Wer sich dem Willen des Potentaten nicht zu beugen bereit war oder nicht der gerade bei Hofe den Ton angebenden Partei angehörte, mußte nicht nur um Hab und Gut, sondern auch um Leib und Leben bangen. Selbst zwei der königlichen Ehegefährtinnen kamen nicht umhin, ihren Kopf auf den Richtblock des Tower Hill zu legen, wo genau 200 Jahre nach dem Tode Heinrichs VIII. das Henkersbeil zum letzten Mal geschwungen wurde.

Und war die Weigerung des Papstes, der Trennung Heinrichs VIII. von seiner ersten Gemahlin, Katharina von Aragon, zuzustimmen, auch nur der formale Anlaß zum Bruch mit Rom, gehört dieser Schritt des englischen Monarchen doch in den Zeitkontext und offenbart die Rolle des Königs innerhalb der damaligen Gesellschaft als ihr weltliches und geistliches Oberhaupt: König von England und Oberstes Haupt auf Erden der Kirche von England unmittelbar unter Gott.

DAS ERBE: NÜCHTERN, ABER SOLIDE

Wiewohl nicht als Prince von Wales geboren,
legte das Schicksal
die mit viel Blut erfochtene Tudorkrone
Prinz Heinrich in den Schoß.

Unter den Tudors, namentlich unter König Heinrich VIII., erhob sich England aus mittelalterlicher Enge und insularer Abgeschiedenheit. Es wurde im engeren Sinne ein Teil Europas, der sich anschickte, mit dem Übergang zur absolutistischen Staatsform den Schritt in die Neuzeit zu gehen. Den Grundstein für Englands Einstieg in das europäische Mächtekonzert des 16. Jahrhunderts legte jedoch nicht erst Heinrich VIII. Großvater (Eduard IV., 1461–1483) und Vater (Heinrich VII., 1485–1509) Heinrichs VIII. hatten bereits wichtige Pflöcke zur Begründung eines zentralisierten englischen Nationalstaates gesetzt.

Als Heinrich VII. Tudor im Jahre 1485 auf den englischen Thron gelangte, was gemeinhin als der Beginn des Absolutismus in diesem Inselstaat angesehen wird, hatte dessen großer Vorgänger, Eduard IV., der Bekenner (1461–1483), den Boden für die Schaffung einer unumschränkten königlichen Gewalt bereits bereitet. Er beschnitt so weit wie möglich die Macht des alteingesessenen Adels, indem er als Gegengewicht einen neuen Adel förderte, der unmittelbar von ihm abhängig war. Aus der Überlieferung, die zu berichten weiß, daß Eduard IV. vor der Schlacht bei Tow-

Großvater
Eduard IV.

ton 1461 – der einzigen großen Schlacht der Rosenkriege – seinem Heer zugerufen haben soll, die Adligen totzuschlagen, aber den kleinen Adel und die Bürgerlichen zu schonen, wird die Ausrichtung der Politik dieses Königs erkennbar. Um seine Kronkasse zu füllen und eine weitgehend unabhängige Herrschaft zu erreichen, setzte er im Parlament die Bewilligung der Abgaben von Wein, Wolle und Waren auf Lebenszeit durch. Sein Entgegenkommen bestand in der Zustimmung zu gewissen Handelsgesetzen. Er brachte sich durch die Konfiskation der Güter seiner hingerichteten Gegner in den Besitz von einem Fünftel des Landes, erfand die Benevolenzen, das heißt die Geschenke an den König, zu deren Entrichtung er die Untertanen je nach ihrem Vermögen veranlaßte. Außerdem wurde ihm vom Parlament das Pfund- und Tonnengeld (Zollabgaben) zugestanden, das eine feste finanzielle Grundlage für seine Regierung darstellte, zudem trieb er selbst Handel im großen Maßstab, so daß seine Schiffe, mit Zinn, Wolle und Tuch beladen, den Namen dieses Kaufmann-Königs in den Häfen Italiens und der Levante (Mittelmeerländer östlich von Italien) berühmt machten.

Benevolenzen

Hochgewachsen und eigenwillig, focht Eduard IV. in den Wirren der Rosenkriege (1455 bis 1485) für die Linie der York (weiße Rose) gegen die der Lancaster (rote Rose) – beide dem englischen Adelsgeschlecht der Plantagenets angehörend. Diese Dynastie, die ihren Namen von planta genistra, dem Ginsterstrauch, herleitete, der den Helm des Grafen Gottfried V. – dieser eroberte 1144 die Normandie – schmückte, regierte mit den Linien York und Lancaster England von 1154 bis 1485. Eduard, eine der glänzendsten Erscheinungen in seiner Zeit, unaufhörlich in Liebeshändel verstrickt und schwelgerisch den Genüssen der Musik und der Tafelfreuden frönend, war nicht zimperlich bei der Wahl der Mittel zur Durchsetzung seiner Herrschaft. Er ließ Nebenanwärter einfach umbringen, wie zum Beispiel seinen Bruder Clarence, was übrigens zu den damals häufig geübten Praktiken gehörte. Eduard erfocht in den Rosenkriegen, in denen es den rivalisierenden Gruppen des Adels um die Gewalt über den Staatsapparat ging, den Sieg. Unterstützung fand er vor allem beim fortschrittlichen Süden, in Ostanglien und London, so daß der Sieg der Yorks den Triumph der fortgeschrittenen Gebiete darstellte und den Boden bereiten half für die Tudor-Monarchie des folgenden Jahrhunderts mit ihrem bürgerlichen Rückhalt.

Als Eduard im Jahre 1483 starb, riß sein jüngster Bruder Richard (Richard III., 1483–1485) die Macht an sich. Die beiden Söhne Eduards ließ er im Tower ermorden. Er sah sich aber bald in einen Kampf mit jenen Adligen verwickelt, die ihm zur Macht verholfen hatten. In der Schlacht von Bosworth am 22. August 1485 besiegte ihn der Graf Heinrich Tudor, ein entfernter Verwandter der Lancaster.

Heinrich Tudors Triumph kam dadurch zustande, daß ein Teil der Truppen Richards zur Gegenseite überlief. Richard III. fiel, tapfer kämpfend, nachdem er zunächst sein Pferd verloren hatte. Sein hilfeschreiendes Angebot, sein Königreich für ein Pferd geben zu wollen, war ungehört auf dem Schlachtfeld verhallt. Dreißig Jahre voller blutiger Scharmützel, Meuchelmorde, Familienintrigen, Verschwörungen, aber auch dreißig Jahre Verrat, Justizterror und skrupelloser Parteienwechsel zwischen 1455 und 1485 gingen damit zu Ende, und lediglich 28 Familien des englischen Hochadels hatten überlebt.

»Preis Gott und eure Waffen, Sieger! Das Feld ist unser und der Bluthund tot«, läßt Shakespeare in seinem Werk »The Tragedy of King Richard the Third« (König Richard III., entstanden 1593) Heinrich Tudor, Graf Richmond, frohlocken, nachdem dieser Richard geschlagen hatte. Noch auf dem Schlachtfeld wurde eben dieser Heinrich, der walisische Edelmann, zum König Heinrich VII. ausgerufen.

Heinrichs Thronanspruch war ziemlich weit hergeholt. Er leitete sein Geschlecht von seinem Großvater – dessen Vater walisischer Bierbrauer gewesen war – Owen Tudor her, der mit dem königlichen Haus dadurch in Verbindung getreten war, daß er die Witwe Heinrichs V., Katharina von Frankreich, verführt hatte. Eduard Tudor, Graf Richmond, ein Sohn aus dieser Verbindung, heiratete eine Dame aus dem Hause Somerset. Deren Vater stammte von Johann von Gent, dem Stammvater aller Lancaster, aus dessen dritter Ehe mit Katharina Swynford ab.

Eduards Witwe kam mit der Mutter Heinrichs überein, diesen mit der Schwester des ermordeten Prinzen, also der Tochter Eduards IV., Elisabeth, zu verheiraten. Dieser Ehebund sollte, beide Rosen miteinander versöhnend, die Rosenkriege beenden. Die Heirat mit der Tochter Eduards IV., die erst vollzogen wurde, als Hein-

Rosenkriege

Ein Königreich für ein Pferd

Sieg der weißen Rose

Der erste Tudor

Schlacht von Bosworth

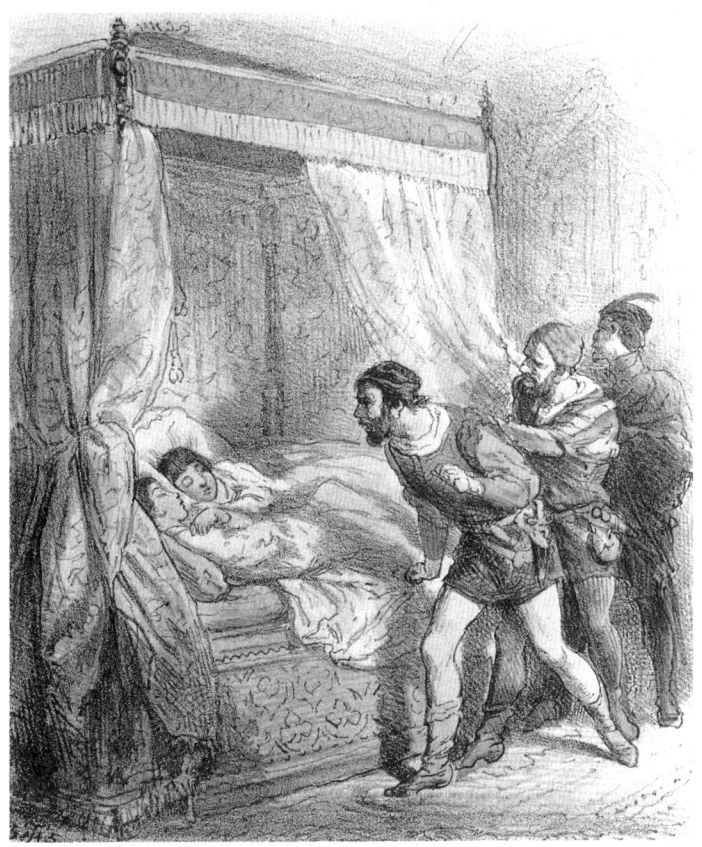

Unliebsamer Thronanwärter entledigt man sich:
Ermordung der Söhne Eduards IV. im Tower auf Befehl Richards III.
Kreidelithographie von Theodor Hosemann, 1855

rich allseitig anerkannt war, stellte nicht nur sicher, daß seine Kinder mit königlichem Blut gesegnet waren, sondern beendete vor allem die Feindschaft zwischen den beiden Häusern der Plantagenets. Das manifestierte sich im neuen Wappen der Tudors: die rote Rose im Kelch der weißen – die Doppelrose, wobei rot für Lancaster (Heinrich VII.) und weiß für York (Elisabeth, Tochter Eduards IV.) stand. Der Dichter Skelton schrieb zu diesem für England so vorteil

Doppelrose

haften Bund: »In ihm sind die beiden Rosen vereinigt, die rote und die weiße, und Segen entsprießt dem Samen. Pflücke die Blüte, England; vergiß die alten Leiden. Die Doppelrose, die jeder preist, herrscht über uns – Heinrich, souverän wie niemals vor ihm ein Fürst.«[1]

Heinrich VII. war ein hagerer Mann von ziemlich hohem Wuchs und mit blondem dünnen Haupthaar, das Gesicht gegerbt von den Stürmen, die er bestanden hatte. Er wirkte in seiner

Vereinigung von weißer und roter Rose:
Heinrich VII. heiratet Elisabeth von York. Kupferstich von Charles Grignion,
18. Jahrhundert, nach einem Gemälde von Jan Gossaert, gen. Mabuse, Anfang 16. Jahrhundert

Erscheinung eher wie ein hoher Geistlicher denn wie ein ritterlicher König. Er schien allezeit gelassen und nüchtern. Wiewohl er als wortkarg galt, besaß er eine gewisse Leutseligkeit. Von großer politischer Begabung und feinem diplomatischen Instinkt, ging er im Herrscherberuf völlig auf. Indem er den Sieg auf dem Schlachtfeld als Gottesurteil hinstellte, bestand er auf dem eigenen Rechtstitel und lehnte es ab, diesen auf seine Ehe mit Elisabeth zu gründen. Um sei-

Herrscher mit eigenem Rechtstitel

nem Erbschaftsanspruch auf den englischen Thron noch größeren Nachdruck zu verleihen, ließ er seine Königin, Elisabeth die Gute, 1486 nach Winchester bringen, damit der Thronerbe in der Burg König Arthurs geboren werde.

Heinrich Tudors starke Hand wurde von dem durch die französischen Kriege und die Rosenkriege stark zerrütteten Land willig angenommen. Die Niederlage des Hochadels ebnete dem König den Weg, wenn es auch nicht an Versu-

Herrscher und Kaufmann:
Vater Heinrichs VIII. Gemälde eines flämischen Meisters.
National Gallery, London

chen mangelte, zum Teil unterstützt von auswärtigen Mächten, Heinrich vom Thron zu verdrängen. Ständig vor solchen Angriffen auf der Hut, entledigte er sich mit sicherer Hand dieser Gegner. Selbst der Aufstand des Earl of Warwick scheiterte, nachdem zunächst der Sturz Heinrichs mit Hilfe von vorgeschickten Strohmännern realisiert werden sollte.

Um die Territorialgewalten sowie die Herrschaftsgelüste der Hochadligen in die Schranken zu weisen, erließ Heinrich Gesetze, die ihnen die Haltung von Gefolgschaften verboten und das Recht zur Unterhaltung von Artillerie der Krone vorbehielten. Außerdem entwickelte Heinrich VII. die Gerichtsfunktion des königlichen Rates zu einer Institution mit der Vollmacht, im Schnellverfahren gegen solche

Rechtsverletzer vorzugehen, die mächtig genug waren, den lokalen Gerichten zu trotzen: die **Sternkammer** Sternkammer (Court of Star Chamber). Ihren Namen verdankte sie dem Schmuck an der Decke des Sitzungssaales. Mit dem Rat of Wales (Council of Wales) und dem Rat des Nordens (Council of the North) wurde dieses Rechtsinstrument auch in die beiden unruhigsten Landesteile getragen, um (ursprünglich) hauptsächlich gegen die Feudalherren eingesetzt zu werden, was natürlich das königliche Ansehen beim Volk wachsen ließ und gleichzeitig die Basis für örtliche ordentliche Gerichtshöfe erneuern half. Mehr Ruhe und Ordnung zogen in das gesellschaftliche Leben ein. Es normalisierte sich vor allem im Interesse der aufstrebenden bürgerlichen Schichten der Städte und des kleinen und

Aus dem Kreis der Verwandtschaft:
Jakob V. von Schottland, Heinrichs Neffe. Unbekannter Künstler.
National Galleries of Scotland, Edinburgh

mittleren Landadels – den beiden Hauptstützen dieses ersten Tudors wie der Tudors überhaupt.

Heinrich VII. selbst war umsichtig wie ein Pfandleiher, unterrichtet wie ein Bankier und geduldig wie der Besitzer einer Kette von Gemischtwarenläden. Er zeigte sich großzügig bei der Förderung des Schiffbaus und zahlte sogar Prämien dafür. Diese Praxis sollte in der gesamten Tudorzeit fortgesetzt werden, vor allem in Form eines Zuschusses von fünf Schilling je Tonne für alle neuen Schiffe von 100 Tonnen und darüber. Francis Bacon schrieb über Heinrich VII., daß dieser den Reichtum liebte und es nicht ertragen konnte, das Gewerbe flau zu sehen. Auch wenn seine Handelsflotte nach seinem Tode nicht mehr als 100 Schiffe zählte – für einen Inselstaat vergleichsweise bescheiden –, so war doch in dieser Hinsicht eine entwicklungsfähige Basis geschaffen. Die Einschätzung von Arthur L. Morton, daß dieser schmalgesichtige, berechnende Mann weit mehr als seine großspurigen Nachfahren dazu getan habe, die Tudormonarchie auf eine feste Grundlage zu stellen und England in jene allgemeine Bewegung zum

Ein Bankier auf dem Thron

zentralisierten Nationalstaat einzuordnen, wie sie in ganz Europa im Gange war, birgt einen entscheidenden Gedanken. Heinrich VII. gehörte zur Generation der großen vorsichtigen Männer, die an der Wiege einer neuen großartigen Zeit – der Renaissance – standen und ihr und ihren Fürsten den Weg ebneten.

An der Wiege der Renaissance

Das Streben zur Herstellung der nationalen Einheit und einer unerschütterlichen Dynastie bestimmte weitestgehend seine Handlungen. Dazu gehörte die Verbindung der beiden Rosen ebenso wie die Besinnung auf eine kraftvolle Tudormythologie – eingeschlossen solche Konzepte wie die Rückkehr König Arthurs – oder auf den roten Drachen (sowohl als Zeichen seiner walisischen Vorfahren als auch als Symbol des Triumphs der Briten – roter Drache, über die Sachsen – weißer Drache), die systematische Beseitigung seiner Feinde, die Schaffung einer eigenen kleinen, aber wirkungsvollen Militärtruppe (Yeomen of the Guard – Leibgarde), aber auch die eigene öffentliche Zurschaustellung. So es sich notwendig machte, zeigte sich Heinrich VII. hierbei nicht eben kleinlich. Angefangen beim Einzug in London – zwölf Tage nach Bosworth –, über die Krönung mit einer Prozession, die allein 1.500 Pfund gekostet haben soll, bis hin zum Bankett, an dem Vertreter aller Großen des Landes und Londons teilnahmen. Wenn er auch als introvertiert galt, sobald es politisch notwendig war, Geld auszugeben, tat er es, wie bei Heiraten, Geburten, großen Treffen mit anderen Herrschern, aber auch bei regulären Hoffesten wie zu Weihnachten oder Neujahr. Zur Erhöhung der Autorität des Königs gehörte ebenfalls der Empfang ausländischer Besucher und Gesandter mit entsprechend kostspieligen Geschenken.

Festigung der Staatsmacht

Auch wenn Heinrich VII. ein relativ kleines Volk unter seiner Herrschaft vereinte, nämlich drei Millionen Seelen – das waren weniger als Venedig besaß; Frankreich zählte fünfmal so viele wie England –, hinterließ er geordnete Verhältnisse und vor allem volle Kassen: etwa eineinhalb bis zwei Millionen Pfund Sterling. Obwohl seine Einkünfte vergleichsweise bescheiden ausfielen – die des Königs von Frankreich waren sechsmal, die des Kaisers neunmal und die des Sultans zwölfmal höher –, galt Heinrich als ein kluger Rechner und zeigte sich eher geizig als großzügig. Er gab eben nur zwei Drittel aus und häufte allen Rest zu einem ansehnlichen Staatsschatz.

Staatsschatz

Als Haupteinnahmequellen dienten einmal das Einkommen der Krone, das durch heimgefallene Besitztümer ausgestorbener großer Geschlechter ansehnlich vermehrt worden war, zum anderen die auf Lebenszeit versicherten Zollerträge sowie der Zehnte von den Geistlichen und die Lehensabgaben.

Mehr der schlaue Kaufmann oder Bankier auf dem Thron als ein Volksheld oder zu großen Taten aufrufender Staatsmann, suchte der erste Tudor auch das Geschäft der Thronstabilisierung und -folge durch eine weitsichtige Heiratspolitik zu befördern. Seine älteste Tochter, Margarete, verheiratete er 1501 mit König Jakob IV. von Schottland. Aus dieser Verbindung sollte später die britische Dynastie der Stuarts und die Union von England und Schottland hervorgehen.

Thronfolger Bruder Arthur

Der Erstgeborene, Arthur, wurde bereits im August 1497 im Alter von 11 Jahren mit der jüngsten Tochter des spanischen katholischen Königspaares Ferdinand und Isabella im Schloß zu Woodstock verlobt. Im Jahre 1501 kam Katharina nach England, um mit Arthur, dem Prinzen of Wales, vermählt zu werden. Die Hochzeit fand am 14. November 1501 statt; gut vier Monate später, im Alter von noch nicht 16 Jahren, starb Arthur an Lungentuberkulose. Seinem Vater im Äußeren ähnlich – schlank und schmäch-

Katharina von Aragonien

König von Gottes Gnaden:
Feierlicher Einzug Heinrichs ins Parlament 1512, begleitet von den weltlichen Lords. Aus: Ms. Add 22306.
British Library, London

tig von Gestalt –, war er ein fast bis zur Ängstlichkeit schüchterner Jüngling gewesen. Um die Hochzeit – exakter um den Vollzug der Ehe – mit der fünfzehnjährigen spanischen Prinzessin Katharina von Aragonien wurde im Nachhinein viel getuschelt, debattiert und vermutet. Katharina selbst und ihre Anstandsdame Doña Elvira behaupteten, daß die Ehe mit Arthur nie vollzogen worden sei, da dieser bereits sehr krank gewesen wäre. Arthur selbst soll jedoch nach der Hochzeitsnacht geäußert haben: »Meine Herren, das Heiraten ist ein Zeitvertreib, der durstig macht«, und als man ihm einen goldenen Becher mit Wein durch den Vorhang reichte, hätte er ihn mit den Worten entgegengenommen: »Heute nacht war ich in Spanien.«

Eine Nacht in Spanien?

Die Ursache für das große Interesse an diesen intimen Geschehnissen lag im frühen Tod Arthurs und der Tatsache begründet, daß nun dessen jüngerer Bruder Heinrich als Thronerbe an-

trat und auch bei der Frau Arthurs zu dessen Nachfolger bestimmt wurde. Königin Isabella drängte auf baldige Verlobung Katharinas mit Heinrich und erwirkte dafür 1503 einen päpstlichen Dispens, davon ausgehend, daß die Ehe zwischen Katharina und Arthur vollzogen worden war. Am 23. Juni 1503 fand die Verlobung im Palast des Bischofs in der Fleet Street statt. Es wurde ein Abkommen zwischen Spanien und England unterzeichnet, demzufolge sich Heinrich am 28. Juni 1505, seinem 14. Geburtstag, mit der dann neunzehnjährigen Katharina vermählen sollte. Ihre Eltern verpflichteten sich, in der Zwischenzeit Tafelgeschirr und Juwelen im Werte von 100 000 Kronen nach England zu senden – eine beträchtliche Mitgift. Katharina selbst erhielt nun jährlich von ihrem Schwiegervater Heinrich VII. 100 Pfund Sterling, um eine ihr zustehende Hofhaltung gewährleisten zu können. Ihre Lage komplizierte sich jedoch mit

Verlobung in der Fleet Street

dem Tod ihrer Mutter Isabella im Jahre 1504, da Heinrich VII. nun mehr nach Habsburg schaute denn nach Aragon. Katharina mußte ihr eigenes Haus aufgeben und an den Hof ihres Schwiegervaters ziehen, gleich, wo immer dieser sich aufhielt: in Westminster, Greenwich oder Richmond. Sogar ihre Juwelen mußte sie dem Pfandleiher überlassen, um überhaupt einigermaßen standesgemäß auftreten zu können.

Da mit dem Tod Isabellas Kastilien an Katharinas Schwester Johanna (später: die Wahnsinnige) und deren Gatten Philipp von Habsburg gefallen war, konnte Katharina auch von ihrem Vater Ferdinand nichts erwarten. Um ihre Stellung am englischen Hof wenigstens moralisch ein wenig aufzubessern, ernannte er seine Tochter zur Botschafterin in England. Erst nach dem Tod Philipps von Habsburg ließ Ferdinand, nunmehr der Herr von Spanien, den restlichen Teil der Mitgift über den neuen spanischen Gesandten Fuensalida nach England bringen. Doch Heinrich VII., inzwischen selbst verwitwet, schob die Hochzeit immer wieder auf. Er trug sich sogar selbst mit Heiratsabsichten: Aus machtpolitischen Gründen hatte er eine Ehe mit Johanna der Wahnsinnigen ins Auge gefaßt. Eine Verschlechterung seines Gesundheitszustandes Anfang 1509 ließ ihn aber die Gegebenheiten wieder realer einschätzen. In langen Gesprächen mit Sohn Heinrich bereitete er diesen auf das Geschäft der Herrschaft vor und äußerte auch seinen Wunsch, daß Heinrich Katharina heiraten möge.

Einige Tage nach dem Tod Heinrichs VII. (21. April 1509) wurde Fuensalida zum Kronrat in den Tower gerufen, um nach der Proklamierung Prinz Heinrichs zum König den Heiratsvertrag zu unterzeichnen. Dieser Kronrat gehörte

Eine Prinzessin als Botschafterin

Krisensitzung des Kronrates

ebenfalls zum Erbe. Gemeinsam mit besonnenen Männern wie Thomas Warham, Kanzler und Erzbischof von Canterbury (er sollte Heinrich mit Katharina verheiraten und beide krönen), Richard Fox, Bischof von Winchester und Lordsiegelbewahrer (er hatte Heinrich getauft), John Fisher, der asketische Bischof von Rochester (er hielt die Rede beim Begräbnis Heinrichs VII.) und Rutham, Bischof von Durham, hatte Heinrich VII. England »ohne Schwert und Blutvergießen« regiert.

Am Morgen nach dem Ableben seines Vaters zog Prinz Heinrich in den Tower, um sich auf seine Krönung vorzubereiten. Dort traf er auch mit Soldaten und geistlichen seines eigenen Rates zusammen, unter ihnen erprobte Anhänger der Tudors. Ausgesucht hatte sie seine Großmutter, Margarete Beaufort, die besonders nach dem Tod der Mutter Elisabeth der Guten großen Einfluß auf den Prinzen und dessen Erziehung ausübte. Heinrich beriet mit seinen Vertrauten sowohl über die Heirat mit Katharina als auch über die Vorbereitungen zur Verteidigung gegen die Thronanwärter aus dem Hause York (Eduard, Herzog von Buckingham, sowie die drei Brüder De la Pole, jüngere Nachkommen Yorks) und über die Inthronisierung und die Krönungsfeierlichkeiten.

Die Thronbesteigung Heinrichs VIII. sollte eine neue Zeit in England einläuten. Der Sohn hatte die schlaue Sanftmut seines Vaters gehaßt, seine Habgier mißbilligt und unter dem Mangel an Volkstümlichkeit gelitten. Er gedachte aus den Vollen zu schöpfen, eine glänzende Herrschaft zu errichten. Und alle jubelten Heinrich zu: Soldaten, Gelehrte, Priester, Höflinge, das Volk, noch ehe der Herold richtig ausrief:

»Vive le Roi Henry Huit!«

Krönung Heinrichs VIII.

HERRSCHER UND HOF

Mit Heinrich VIII.
kam ein Monarch auf den englischen Thron,
der die Inkarnation all dessen darstellte,
was einen Vollblutrenaissancefürsten
ausmachte.

Dem achtzehnjährigen Heinrich wurde im Juni 1509 die englische Königskrone aufs Haupt gesetzt. Sie stand ihm ausgezeichnet, bildete die Abrundung seiner prächtigen Erscheinung. Heinrich VIII. sah seiner Mutter, der schönen Elisabeth von York, und deren Vater, Eduard IV., sehr ähnlich. Vieles sprach dafür, daß er ebenso heiter, sorglos und beliebt wie sein Großvater werden würde. Er war etwa sechs Fuß groß, kräftig und stattlich gebaut. Ein Augenzeuge wußte sich kaum zu halten bei der Preisung der Vorzüge dieses Königs: »Seine Majestät ist der hübscheste Herrscher, den ich je zu Gesicht bekam, er ist ungewöhnlich groß, hat äußerst schön geformte Waden, einen makellosen Teint und kastanienbraunes (?) Haar, das nach französischer Mode glattgekämmt und kurz ist, und ein rundes, so wunderschönes Gesicht, daß es einer hübschen Frau wohl anstünde, während der Hals ziemlich lang und dick ist...«[2] England zeigte sich entzückt über seinen neuen Herrscher. Mountjoy, Katharinas Kämmerer, sah neue Horizonte sich öffnen. In einem Brief an Erasmus von Rotterdam, einem der bedeutendsten Humanisten und Gelehrten der damaligen Zeit, schrieb Mountjoy überschwenglich: »Der Himmel lacht, die Erde frohlockt, alles ist voll Milch, Honig und Nektar! Der Geiz ist aus dem Lande vertrieben. Freigebigkeit verstreut Schätze mit wohltätiger Hand. Unser König ersehnt sich nicht Gold noch Edelsteine und kostbare Metalle, sondern Mannestugend, Ruhm und Unsterblichkeit.«[3] Von den Höflingen wurde Heinrich als Vorbild angesehen, den Intellektuellen galt er als Bundesgenosse, das gewerbetätige und handeltreibende Bürgertum begrüßte in ihm den Beschützer. Auch der gemeine Mann in Stadt und Land vertraute diesem gutaussehenden, kräftigen, energiegeladenen Mann. Sogar sein späterer Lordkanzler Thomas Morus hieß Heinrich VIII. zu dessen Thronantritt mit einem auf Pergament niedergeschriebenen Lobgedicht willkommen:

»War je ein Tag, o England, oder je eine
    Zeit auch,
drin dir dem Himmel Dank zu sagen
    bestimmt,
so ist es dieser Tag, der, mit weißem
    Glücksstein bezeichnet,
als ein freudiger Tag in die Geschichte
    eingeht...«[4]

Der achtzehn-
jährige
König

Keine Wolke
am Himmel

England ist
entzückt

18

Der Renaissanceherrscher
König Heinrich VIII. im Alter von etwa 20 Jahren. Gemälde von Hans Holbein d. J., 16. Jahrhundert.
National Portrait Gallery, London

In einem aus getriebenem Silber und mit Edelsteinen besetzten Einband verwahrt, zählt diese Eloge bis heute zum Kronschatz.

Heinrich war sich seiner Vorzüge wohl bewußt und entsprechend eitel. Es hieß, daß er sich nur deshalb einen Bart wachsen ließ, weil Franz I., seit 1515 König von Frankreich, ebenfalls einen trug. Auf Franz I. war Heinrich zeitlebens eifersüchtig. Er soll 1515 eine mit großem Gepränge empfangene Gesandtschaft aus Vene-

Selbstbetrachtung

dig folgendermaßen ausgefragt haben: »Ist es wahr, daß er so groß ist wie ich?« – »In der Tat Sir, ungefähr so groß. « – »Und ebenso breit?« – »Nicht ganz, Eure Majestät. « – »Aha. Und wie sind seine Beine?« – »Eher schlank, Eure königliche Hoheit. « – »Betrachtet die meinen!« rief Heinrich aus und öffnete seine Rockschöße, um seine mächtigen Schenkel vorzuweisen. »Und meine Waden sind auch nicht übler geformt!«[5]

Heinrich zeigte sich überall und gern dem

Dynastische Eheschließung:

Hochzeit Ludwigs XII. von Frankreich mit Heinrichs Lieblingsschwester Maria Tudor 1514.
Das Bild stammt von einem Augenzeugen der Trauung,
Pierre Gringoire. Aus: Cott. Vesp. B II, fol. 15.
British Library, London

Jagdleidenschaft:
Der Falkner Robert Chesemann. Gemälde von Hans Holbein d. J., 1533.
Mauritshuis, Den Haag

Volke. Er hegte einen geradezu kindlichen Wunsch nach Popularität und war sich bei allem, was er tat, der Tatsache bewußt, als Staatsmann auf Ausstrahlung achten zu müssen. Ob es zur Kirche ging oder zum Tennisplatz, immer säumten Volksmassen die Straße. Sogar zum Bankett wurden Zuschauer zugelassen.

Wenn Heinrich unterwegs war, um seine wachsende Flotte zu inspizieren, zeigte er sich als Haupt der königlichen Marine auch marinemäßig gekleidet. Er trug dann einen Rock aus Goldbrokat, der bis zur halben Hüfte reichte, Hosen aus Goldstoff und scharlachfarbene Strümpfe.

Heinrich VIII. liebte ritterliche Waffenübungen über alles. Dabei gab er bestimmten Kampf-

Leidenschaften

genossen den Vorzug, besonders dem Herzog von Suffolk. Die Turniergänge zwischen ihm und Heinrich wurden häufig mit den Kämpfen zwischen Achilles und Hektor verglichen. Der von Heinrich zum Herzog von Suffolk erhobene Charles Brandon war ein einfacher Mann und Saufkumpan gewesen, zu dem Heinrich sich stark hingezogen fühlte. Aber nicht nur er, auch seine Lieblingsschwester Maria hatte ihr Herz dem kraftvollen und hübschen Brandon geschenkt. Doch die Staatsräson befahl ihr in Person ihres Bruders und Königs, den verwitweten französischen König Ludwig XII. zu ehelichen, was als Friedensangebot galt und gleichzeitig französisches Gold nach England bringen sollte. Ludwig XII. war mit seinen 52 Jahren bereits ein

Schwester Maria und Charles Brandon

greiser Mann, sehr gebrechlich und siech, von der Gicht geplagt und voller Pockennarben. Obwohl die damals achtzehnjährige Maria den grämlichen zahnlosen Alten vor der Hochzeit nie gesehen hatte, beeilte sie sich nicht sonderlich, zu den Feierlichkeiten nach Frankreich zu gelangen. Die Ehe wurde nach damaliger Sitte in procuratio vollzogen, das heißt, der Bevollmächtigte des französischen Königs, Longeville Marquis von Rothelin, berührte mit seiner entblößten Wade unter der Bettdecke die Wade der Prinzessin. Ludwig selbst, obwohl sich noch einmal aufraffend, hatte kaum an den Festivitäten teilnehmen können. Er starb noch im selben Jahr, Ende 1514.

Sein Schwiegersohn, Franz von Angoulême, folgte ihm als Franz I. 1515 auf den Thron. Auch ihm, wiewohl verheiratet, gefiel die gutaussehende Maria. Daß er ihr nachstellte, kam Charles Brandon zu Ohren, und er beeilte sich, zu ihrem Schutz an den französischen Hof zu reisen. Es gelang Maria und ihrem Auserwählten, Franz für ihre Sache zu gewinnen, so daß dieser die heimliche Heirat der Witwe mit ihrem Herzallerliebsten Charles Brandon beförderte. Heinrich fügte sich zähneknirschend, nicht nur, weil er seiner Schwester versprochen hatte, nach dem absehbaren Tod Ludwigs XII. einer Ehe mit Brandon zuzustimmen (obwohl er längst wieder neue Pläne in Richtung Spanien hatte), sondern auch, weil er beide sehr mochte. Heinrich verzieh großzügig und ließ sie im Mai 1515 in Gegenwart des Hofes feierlich in Greenwich trauen. Sie mußten sich aber verpflichten, für eine Weile weit entfernt vom Hofe zu leben.

Eine zweite Leidenschaft neben den Turnieren mit Freund Suffolk stellte für Heinrich die Jagd dar. Zeitgenossen berichteten, daß er ganz versessen gewesen sei auf die Jagd und keine Unterhaltung dabei fände, »wenn er nicht acht bis

zehn Pferde müde reitet, die er zuvor entlang der Strecke, die er einzuschlagen gedenkt, stationiert hat. Ist eines ermattet, besteigt er das nächste, und ehe er heimkommt, sind sie alle erschöpft.«[6] Zwar gab es damals schon kaum noch Bären und Wölfe, aber auch Hirsch und Hase brachten Spaß, wenn ihnen mit Hunden oder Pfeil und Bogen — manchmal auch mit beiden — auf das Fell gerückt werden konnte.

Körperliche Fitneß galt bei ritterlichen Fürsten, zu denen Heinrich zweifellos zu zählen ist, allgemein als Markenzeichen. So ist es nicht verwunderlich, daß dieser englische König ein exzellenter Federballspieler und Bogenschütze war, den Ringkampf und das Stabwerfen liebte und als unermüdlicher Tänzer galt. Dabei kam ihm seine außerordentliche Musikalität zugute. Schwierigste Melodien spielte er nach dem Gehör auf der Flöte, verstand sich aufs Orgelspielen und begleitete seinen klaren und klangvollen Gesang auf dem Virginal, dem englischen Spinett. Es wird auch berichtet, daß er im Chor der königlichen Hofkapelle, der mit der Gründung von St. James Palace 1533 eine feste Wohnstätte erhielt, mitsang. Heinrich las bei mehrstimmigen Liedern seinen Part vom Blatt. Um die Qualität dieser Chöre zu befördern, schickte der König seine Chorleiter durch ganz England auf Talentesuche. Besucher kamen von überall her und berichteten dann in ihren Briefen in schillernden Farben über die Musik an Heinrichs Hof, »den wunderbaren Klang des Chores, die Gewandtheit des Geigenspiels«. Der französische Hof dagegen brachte keinen anständigen Chor zustande. Er sang meistens daneben oder ungleichmäßig, weil sein Chorleiter kaum Noten zu lesen verstand und gelegentlich betrunken war. In Englands Chor der Hofkapelle hätte solch ein »Experte« nicht einmal den untersten Posten besetzen dürfen. Es entstand im Laufe der Zeit eine

Ehe in procuratio

Körperliche Ertüchtigung

Musische Begabung

Musikleben

Jagdpassion

Eine berühmte Kapelle:
»The King's Musick« Heinrichs VIII. Diese Zeichnung von Musikanten in Whitehall
stammt wahrscheinlich von Hans Holbein d. J.
British Library, London

reguläre Instrumentalisten- und Sängergruppe: The King's Music. Sie bildete zum Ende der Regierungszeit Heinrichs VIII. ein 60 Mann starkes Orchester, das unabhängig vom Chor der Hofkapelle existierte und spielte. Die Blech- und Holzbläser kamen in der Regel aus Mailand, Cremona, Deutschland und Flandern, wogegen die meisten Saiten- und Bratschenspieler – wie auch fast alle Sänger – aus England stammten. Heinrich gab ihnen Stipendien, so daß die Mitglieder der Kapelle nicht wie Diener, sondern

wie Gentlemen leben konnten, da sie dreimal besser bezahlt wurden als durchschnittlich ein Gemeindepfarrer.

Die Musik, die für den Hof geschrieben wurde, fand auch weite Verbreitung außerhalb des Hofes. Am stärksten entwickelte sich in jenem Jahrhundert die Tanzmusik weiter. Die meisten Stücke waren melodisch frisch, einfach und rhythmisch, durchaus den Einfluß der einfachen Melodien der unteren Mittelklasse und der Bauern des späten Mittelalters nicht verleug-

Musik und Tanz in hoher Gunst:
Die Noten einer der eigenen Kompositionen Heinrichs VIII. Es ist das Lied:
»Kurzweil in angenehmer Gesellschaft«. Aus: Add. 31922, fol. 14-15.
British Library, London

nend. Zwei speziell englische Tänze waren der domps (oder dumpes, dompes) – ein rhythmisch breiter und melodisch einfacher Tanz, von einem Musikensemble zu spielen – und der hornpipe – ein schneller Einzeltanz, in der Regel für ein Keyboardinstrument komponiert. Daneben erfreuten sich die kontinentalen Tänze wachsender Beliebtheit.

Heinrich VIII. wußte stets bedeutende Komponisten an seinen Hof zu ziehen, wie Thomas Farding, William Cornyssche oder John Floyde.

Tänze

Überlieferte Instrumentalstücke stammen auch aus der Feder von Bramston, Banastir, Heywood, Ludfort und Dygon. Daneben glänzte Heinrich mit ausländischen Musikern wie den Lautenspielern Philip und Peter van Wilder.

Der König selbst soll sechs Instrumente beherrscht haben und galt als Experte des Orgelbaus. Er hätte sicher eine große Karriere als Musiker machen können. Doch als König hatte er sich um mehr zu kümmern, und er tat es auch. So trug er zur Entwicklung des Instrumentenbaus,

ELIZABETHA · VXOR
HENRICI · VII ·

Vorhergehende Seite:

1 Eine Zwingburg im Herzen der Stadt:
Ansicht von London mit dem White Tower.
Buchminiatur, unbekannter Meister, 15. Jahrhundert.
British Library, London

2 Unstrittig königlichen Bluts:
Elisabeth von York, Mutter Heinrichs VIII.
Gemälde eines unbekannten Künstlers.
National Portrait Gallery, London

3 Begründer der Tudor-Dynastie:
Heinrich VII., der Vater Heinrichs VIII.
Büste aus Terracotta von Pietro Torrigiano,
Anfang 16. Jahrhundert.
Victoria und Albert Museum, London

4 Im Familienkreis:
König Heinrich VII. und die Seinen mit St. George und dem Drachen.
Heinrich und Elisabeth sind knieend mit ihren sieben Kindern, von denen drei sehr jung starben, abgebildet.
Royal Collection, London

Vorhergehende Seite:
5 Auf·dem Weg zum Jahrhundertereignis:
König Heinrich VIII. und sein Hof schiffen sich 1520 in Dover
zur Überfahrt nach Boulogne ein:
Heinrich ist auf dem zweiten Schiff rechts zu sehen.
Gemälde eines unbekannten Künstlers.
Royal Collection, London

6 In stillen Stunden:
Heinrich VIII. neben seinem Bett, ein Buch lesend.
Miniatur aus Heinrichs Psalter, 1542.
British Library, London

7 Die klingende Muse:
Viola da gamba, gebaut von dem berühmten Londoner Meister John Rise
(Ross), Mitte 16. Jahrhundert.
Ashmolean Museum, Oxford

Sed sperauit in multitudine diuitia⁊ suarum: & preualuit in vanitate sua. Ego autem sicut oliua fructifera in domo Dei speraui in misericordia Dei in eternum, & in seculum seculi. Confitebor tibi in seculum quia fecisti & expectabo nomen tuum quoniam bonū est in conspectu sanctorum tuorum Gloria patri Sicut erat.

Dixit insipiēs in corde suo nō est De⁹ Cor= rupti sūt

8 Der König und sein Narr: Heinrich VIII. spielt Harfe, sein Narr Will Somers leistet ihm Gesellschaft. Miniatur aus Heinrichs Psalter, 1542. British Library, London

9 Der König als Förderer und Gönner:
Heinrich VIII. überreicht Thomas Vicary eine Urkunde, die die Vereinigung der Zünfte
der Barbiere und Chirurgen bestätigt. Gemälde von Hans Holbein d. J.
Royal College of Surgeonts of England, London

der Komposition und der Standards für Aufführungen bei, die nicht nur für England, sondern auch für andere Höfe des Westens maßgebend wurden.

Es gelang Heinrich, Robert Fayrefax, Organist von St. Albans Abbey, der 1504 Doktor der Musik in Cambridge geworden war, an den Hof zu holen, wo er bald als Chorleiter fungierte und Motetten sowie fünfteilige Messen schrieb. Heinrichs Lehrmeister war jedoch ein Mönch namens Dennis Memmo, der 1516 von seinem Dienst als Organist in San Marco in Venedig zurückgetreten war, um am englischen Hof zu wirken. Unter seiner Anleitung brachte es der König zur wahren Meisterschaft, komponierte sogar Lieder und dichtete Balladen. Ihm wird die Komposition zweier frommer fünfteiliger Messen zugeschrieben, die später auch andernorts gesungen worden sind: »O Herr, du Schöpfer aller Dinge« sowie »Quam pulchra est«. Er war wohl tatsächlich »der letzte Troubadour und Erbe burgundischen Rittertums ...‚ der ganz aufging in Tanz und Gesang, in höfischer Minne und dem Leben eines fahrenden Ritters«.[7]

Solide Bildung

Da Heinrich als zweitgeborener Sohn eigentlich für die geistliche Laufbahn vorgesehen war, speziell für das Erzbistum von Canterbury, hatten die besten Lehrer für seinen Unterricht zur Verfügung gestanden: Historiker, Grammatiker, Sprachlehrer, auch der sprachgewandte Dichter Skelton, der ihn Latein und die englische Muttersprache lehrte. Außerdem sprach Heinrich fließend Französisch und ein wenig Italienisch. Die gute Auffassungsgabe und der Drang nach Wissen, verbunden mit dem Umstand, daß er sich leicht unterrichten und lenken ließ, sorgten für eine hohe Bildung und umfassende Kenntnisse. Heinrich war stolz auf sein Wissen und pflegte gern gebildete Konversation. So berichtete William Rooper, der Schwie-

gersohn von Thomas Morus, daß Heinrich den Lordkanzler in sein Privatgemach mitzunehmen pflegte, wo er sich mit ihm unterhielt, manchmal über Astronomie, Geometrie, Theologie und andere Wissenszweige, gelegentlich auch über seine weltlichen Geschäfte. Zuweilen holte er ihn auch unter das Bleidach herauf, um sich dort mit den vielgestaltigen Formen, Bahnen, Bewegungen und der Stellung der Sterne zu befassen.

In Amtsgeschäften

Auf das Herrscheramt war Heinrich jedoch kaum vorbereitet worden, da ja sein älterer Bruder Arthur die Thronfolge antreten sollte. Vater Heinrich VII. hatte seinen zweitgeborenen Sohn demzufolge in keiner Weise Macht oder Verantwortung erproben lassen. So wirkte er inmitten des nach dem Tod seines Vaters zusammengetretenen Kronrates eher beklommen als großartig und überließ diesem Gremium viele der Staatsgeschäfte.

Zunehmenden Einfluß auf die Politik Heinrichs bekam Thomas Wolsey, der vom Bischof Fox von Winchester in den Rat, die Geschäfte und nähere Umgebung des Königs eingeführt worden war. Heinrich verließ sich fast blind auf die unermüdliche Arbeitskraft dieses Geistlichen und dessen überragende administrative Fähigkeiten.

Arbeitsteilung

So war eine Art Arbeitsteilung für etwa 15 Jahre zustande gekommen, die den König auf der Jagd, bei Feierlichkeiten und Turnieren sah, während Wolsey den Amtsgeschäften nachging (ohne daneben der sinnlichen Seite des Lebens zu entsagen). Nachdem jener in Ungnade gefallen war, teilte Heinrich die in Wolseys Hand vereinigten Ämter auf und stieg selbst stärker in das Herrschergeschäft ein. Starke Persönlichkeiten, die den Ambitionen Heinrichs entgegenkamen, wie dann später Cromwell, behielten jedoch stets großen Einfluß auf die Politik.

Eine besondere Bedeutung kam der Kirchenpolitik Heinrichs VIII. zu, die ihren Höhepunkt

Ein Widersacher Heinrichs VIII.:

Martin Luther, Begründer der deutschen Reformation. Titelblatt Luthers 1520
erschienenen Schrift, auf die Heinrich VIII. mit seiner Abhandlung »Assertio« reagierte

im Bruch mit Rom und der Einziehung des Kirchenvermögens finden sollte. Heinrich war absolut kein Anhänger der neuen »Irrlehre«, die Martin Luther in Deutschland verbreitete, er veröffentlichte 1521 sogar eine Schrift gegen Luthers »Von der babylonischen Gefangenschaft der Kirche« (1520). Heinrich widmete seine Abhandlung »Assertio Septem Sacramentorum« (Die Rechtfertigung der sieben Sacramente) mit ihren katholischen Argumenten dem Papst. Dieser verlieh daraufhin dem König von England den Ehrentitel »Fidei Defensor = F. D. « (Verteidiger des Glaubens), auf den Heinrich sehr stolz war. Die beiden Buchstaben F. D. finden sich heute noch auf allen britischen Münzen. Das Buch erfuhr bald mehrere Auflagen, wurde ins Deutsche übersetzt – 1523 in Leipzig publiziert – und einige Jahre später ins Englische. Wie Cochlaeus sagte, »wurde es zu mehreren Tausend Stück publiziert, von verschiedenen Druckern und erfüllte die ganze christliche Welt mit Freude und Bewunderung«[8]. Luther hielt nicht viel von Heinrich. Er behauptete sogar, nicht der König, sondern Eduard Lee, ein Feind des Erasmus und hernach Erzbischof von York, habe die »Assertio« geschrieben. Später soll Luther den Reformator Heinrich einen Narren und Lügner, ja »die gekrönte Sau von England« genannt haben.[9]

Ohne daß König Heinrich VIII. jemals ein Anhänger des protestantischen Glaubens geworden wäre, kam es zum Bruch mit dem Papst.

Im Streit mit Luther

»Fidei Defensor«

Keine Toleranz:
Ketzerverbrennung auf der Richtstätte zu Smithfield. Holzschnitt,
16. Jahrhundert

Heinrich verlangte von Clemens VII. einen päpstlichen Dispens über die Ungültigkeit seiner Ehe mit Katharina, da sie vorher die Frau seines Bruders Arthur gewesen war und er eine andere heiraten wollte. Heinrich begründete sein Anliegen mit der Bibel. Im Alten Testament (3. Buch Moses, XVIII. Kapitel, Vers 16) steht geschrieben: »Du sollst Deines Bruders Weibes Blöße nicht aufdecken. Denn sie ist Deines Bruders Blöße.« Heinrich versuchte, diese Auslegung fälschlicherweise auch im Falle seines toten Bruders Arthur in Anwendung zu bringen. Ihm war die spanische Prinzessin bei seinen Bündnisbemühungen mit Frankreich lästig. Außerdem hatte sie ihm keinen lebensfähigen männlichen Erben geboren. Die ständigen Schwangerschaf-

Die Bibel muß helfen

ten hatten Katharinas Körper so mitgenommen, daß nunmehr kaum noch Aussicht auf einen Thronfolger bestand. Also blieb nur die Trennung für Heinrich, der sich inzwischen einer neuen Favoritin zugewandt hatte: Anna Boleyn. Clemens VII. hätte dem Gesuch Heinrichs zweifellos stattgegeben. Die Gefangennahme des Papstes durch ein deutsches und spanisches Heer unter Karl V., dem Neffen Katharinas, im Jahre 1527 vereitelte dies jedoch.

Heinrich konnte Papst Clemens nicht zwingen, so blieb nur der Bruch mit Rom. Der König nahm die Bezeichnung »Oberstes Haupt auf Erden der Kirche von England unmittelbar unter Gott« in seinen Titel auf. An der bischöflichen Verfassung und der herkömmlichen Lehre sollte

Der Bruch mit Rom

Der Herrscher und sein Volk:
Die Verkündigung einer königlichen Verordnung. Holzschnitt,
16. Jahrhundert

festgehalten werden. Durch förmlichen Parlamentsbeschluß wurde dann die Erbberechtigung der spanischen Gemahlin des Königs und ihrer Tochter Maria aufgehoben und die Erbfolge der Nachkommenschaft der protestantischen Königin Anna zuerkannt. Der König forderte von jedem Untertanen einen doppelten Eid (Suprematseid): die Anerkennung des Königs als Oberhaupt der Kirche und Elisabeth', der im September 1533 geborenen Tochter Annas, als Thronerbin. Eidverweigerer wurden mit dem Tode bestraft, so auch Bischof Fisher und Thomas Morus.

Englische Reformation

Das sogenannte Reformparlament (1529 bis 1536) löste die Kirche in England von Rom und stellte sie unter die Herrschaft des Staates, verbot Appellationen und Geldüberweisungen an den Papst und ernannte den König zum Oberhaupt der Kirche mit dem Recht, höhere Würdenträger und deren Lehre zu bestimmen.

Der direkte Angriff auf die Klöster begann 1536. Zunächst wurden die kleineren mit weniger als 200 Pfund Einkommen aufgelöst. Ein Aufstand in der Grafschaft Lincolnshire gegen die Steuereinnehmer und die Kirchenpolitik sowie der sich vom Herzogtum York über den gesam-

Künstler und Lebemann am englischen Hof:
Hans Holbein d. J., Selbstportrait, im Jahr seines Todes gemalt, 1543.
Uffizien, Florenz

ten Norden ausbreitende Aufstand der »Pilgrimage of Grace« (Pilgerschaft der Gnade) gegen Heinrichs Kirchenpolitik wurden niedergeschlagen und zum Vorwand für weitere Kloster- und Ordensenteignungen genutzt. Der in Jahrhunderten gesammelte Reichtum floß in die königliche Kasse und behob wenigstens für eine Weile ihre fehlende Liquidität.

Ungeachtet dessen, daß Heinrich sich selbst weiterhin als frommen Katholiken betrachtete, schuf er durch Veräußerung und Schenkungen aus ehemaligem Klosterbesitz eine neue Schicht von Grundbesitzern, die durch ihren Zugriff auf

»Pilgrimage of Grace«

enteignetes Kirchenland zu Verfechtern einer »gottgefälligen Reformation« geworden waren. Nach dem Sturz Cromwells, dem »Hammer der Mönche«, kehrte Heinrich zur alten Taktik des Kräftegleichgewichts zurück und ließ sowohl vorlaute Protestanten als auch unbelehrbare Katholiken, die ihm die Anerkennung als Oberhaupt der Kirche versagten, hinrichten. Die meisten Bischöfe und Geistlichen blieben jedoch, da sie den Gehorsamseid geleistet hatten, auf ihren Plätzen.

Die Lostrennung von Rom sowie die Übersetzung der Bibel ins Englische förderten eine ei-

37

In seinem Reich ging die Sonne nie unter:
Kaiser Karl V. Kupferstich von Barthel Beham,
16. Jahrhundert

genständige nationale Entwicklung und das Nationalbewußtsein, speziell getragen von den Protestanten. Die Titelseiten der Bibel aus jener Zeit weisen das Bild eines nationalen Monarchen aus: Die Coverdale-Bibel von 1535 zeigt Heinrich in seiner ganzen Erhabenheit, wie er seinen Bischöfen die Heilige Schrift überreicht. Die Cranmer-Bibel-Titelseite von 1540 stellt ihn als Oberhaupt der Kirche, die er gottgleich regierte, dar. Das Prestige und die Autorität der Kirche wurden durch Heinrichs erfolgreiche Herausforderung des Heiligen Stuhls, die Zer-

Coverdale-
Bibel

schlagung der Sprengel und Klöster, die Enteignung des Kirchenvermögens, die wiederholte Demütigung des Klerus und die Säkularisation der Verwaltung so stark geschwächt, daß sich die Veränderung der Glaubenslehre unter Eduard und Elisabeth beinahe von selbst ergab.

Unter Heinrich VIII. erfuhr das römische Recht eine bewußte Pflege. Er gründete Professuren dafür an den Universitäten in Oxford und Cambridge und scheint – unter dem Einfluß der römischen Juristen – sogar die Veröffentlichung eines bürgerlichen Gesetzbuches beabsichtigt zu

Der König als Förderer der Flotte:
Das Kriegsschiff Ann Gallant. Kolorierte Zeichnung von Anthony Anthony.
British Library, London

haben. Das englische Recht setzt sich entspre- *Rechts-* chend seiner historischen Entstehung und Aus- *verständnis* gestaltung aus drei Bestandteilen zusammen: dem Common Law (Gemeines Recht), dem Equity Law (Billigungsrecht) und dem Statute Law (durch Gesetze geschaffenes Recht), das als vollgültige Rechtsquelle erst unter der Tudor- herrschaft Anerkennung fand und sich dann vor allem im Staats- und Verwaltungsrecht durch- setzte. Über das Equity Law konnte formell je- der, der sich durch den Urteilsspruch des Com- mon Law – das ein ungeschriebenes, auf Rechts-

fällen und richterlichen Entscheidungen beru- hendes Recht darstellte – ungerecht behandelt fühlte, beim im Auftrage des Königs handelnden Lordkanzler eine Korrektur bzw. Ergänzung des Urteils einklagen.

»Privy Mit dem »Privy Council« (Staatsrat) schuf Council« König Heinrich 1540 in aller Form einen Gehei- men Rat, der aus den Inhabern der obersten Re- gierungsämter bestand und in gewisser Weise dem modernen Kabinett ähnelte. Allerdings war dieser Rat nicht dem Parlament, sondern dem König verantwortlich, der seinerseits nicht ge-

Das Kriegsbeil erneut ausgegraben:
Begegnung der englischen und französischen Flotte bei Portsmouth im Juli 1545.
Kupferstich von James Basire nach einem Gemälde, 18. Jahrhundert

zwungen war, dieses Gremium zu befragen bzw. seinen Hinweisen zu folgen. In einer ganzen Reihe von Ausschüssen kümmerte sich der Privy Council um alle Verwaltungsfragen. Einige Vertreter hatten ihren Sitz in Westminster, andere zogen im Lande umher, so daß man durchaus von ersten Elementen einer Beamtenschaft sprechen kann.

Eng an den Rat gebunden waren die »Justices of the Peace« (Friedensrichter, J. P.), die seit etwa Eduard III. existierten und nunmehr »Tudor-Mädchen für alles« genannt wurden. Es handelte sich hierbei um eine unbezahlte Beamtenschaft mit gewaltigen, wenngleich auch unzulänglich abgegrenzten Pflichten und Rechten, die in Grafschaften, Städten und Gemeinden wirkten. Heinrich legte durch Gesetz die Bestellung der Friedensrichter ausdrücklich in seine, des Königs Hand. Der Staats- und Verfassungsrechtler Julius Hatschek charakterisierte die Stellung der J. P. folgendermaßen: »Die Umwandlung der Friedensrichter zu Werkzeugen der Zentralverwaltung gelang so vollständig, daß man Mühe hat, in ihnen damals Organe des al-

»Tudor-
Mädchen
für alles«

ten, von Gneist so verherrlichten unabhängigen self-gouvernement zu erkennen ... Überall herrscht der Friedensrichter, er begleitet den Grafschaftsangehörigen, wie wir sehen, in jeder seiner Lebensäußerungen. «[10]

Einer Sitte folgend, die sich über die europäischen Höfe ausbreitete, sammelte Heinrich am englischen Hof einen Kreis von Künstlern, Gelehrten und Dichtern. Einer dieser großen Männer war John Leland, ein berühmter Altertumsforscher und Geograph seiner Zeit, der Heinrich VIII. einen ausführlichen Bericht über die Mannigfaltigkeit Englands zu Papier brachte. Ein anderer war Erasmus von Rotterdam, der längere Zeit am englischen Hof weilte, mit Thomas

Gelehrte, Dichter und Künstler am Hof

Morus eng befreundet war und modernes Gedankengut nach England brachte.

Neben dem Florentiner Bildhauer Pietro Torrigiano, der vorher für die Borgias gearbeitet und sich dann als Glücksritter in den italienischen Kriegen versucht hatte, wurden Vincent Volp von Neapel als Wappenmaler der königlichen Flotte, der Bildhauer Giovanni da Maiano in Hampton Court, der flämische Glasmaler Galian Hone sowie John Corvus aus Brügge und Lucas Horenbout aus Gent nach England verpflichtet.

Um die englische Lyrik machte sich besonders Sir Thomas Wyatt verdient. Er hatte als Diplomat im Dienste Heinrichs verschiedentlich Frankreich und Italien bereist und von dort auch einige seiner Freunde herbeigeholt. Wyatt, der als einer der Anbeter Anna Boleyns galt, befaßte sich mit der Übertragung Petrarcischer Sonette ins Englische und versuchte als erster, den englischen Vers in diese abgezirkelte Form zu pressen. Als er 39jährig am Fieber starb, übernahm Henry Howard, Earl of Surrey, die Feder Wyatts und führte den Blankvers in England ein. Er war es auch, der dem Sonett die Form verlieh, die dann von Shakespeare übernommen wurde.

Ein Großer der Malerei

Im Dienst König Heinrichs stand mit jährlich 30 Pfund auch ein ganz bedeutender Maler: Hans Holbein der Jüngere. Erasmus' Empfehlungsschreiben hatten ihm einen herzlichen Empfang bei Thomas Morus in Chelsea verschafft, wo 1526 das Bildnis seines Gastgebers entstand, das jetzt die Frick Gallerie in New York ziert. Ein Jahr später wurde die Familie des Thomas Morus von Holbein auf Leinwand verewigt. Damit schuf er das älteste bekannte bürgerliche Gruppengemälde der außeritalienischen Kunst. Nach vier Jahren Aufenthalt bei seiner Familie in Basel kehrte Holbein nach England zurück, wo er zum Mitglied des Hofstaates avancierte, als Heinrich ihn 1537 zum offiziellen Hofmaler ernannte. Sicher beförderte auch die enge Bindung zwischen Cromwell und Holbein – hier trafen sich der Meisterpropagandist und -politiker mit dem Meisterkünstler und -handwerker, wie Strong sich ausdrückt[11] – das rasche Fortkommen des Malers bei Hofe. Mit eigenem Atelier in Whitehall und auf höfische Weise gekleidet, fügte er sich in die Gesellschaft am englischen Hof schnell ein: Er hatte auch Mätressen und Bastarde wie jedermann. Vor allem seine Porträts und Skizzen, von denen die meisten im Auftrag König Heinrichs entstanden, lassen uns heute am eindrucksvollsten die damalige Zeit mit- und nacherleben. Neben den Porträtarbeiten schuf Holbein auch Entwürfe für Raumdeko-

Eine Frage des Geschmacks?

...und doch wie alle

rationen, Galakleider, Bucheinbände, Tafelgeschirr, Siegel, Waffenzierat, königliche Schnallen und Knöpfe sowie die von Heinrich seinen Frauen verehrten Juwelen. Bekannt geworden sind vor allem auch die Skizzen und Bildnisse, die der Künstler von Prinzessinnen verschiedener europäischer Höfe anfertigen mußte, auf daß Heinrich eine Vorstellung erhielte von den Liebreizen der Damen und eine Wahl zu treffen imstande sei. Allerdings lief diesbezüglich nicht immer alles so, wie König Heinrich es sich vorgestellt hatte. Das Konterfei der Prinzessin Anna von Kleve war wahrscheinlich in einer besonders launigen Stunde entstanden, so daß Heinrich beim Vergleich von Bild und Realität einigermaßen verstört reagierte. Auch brachte die Tätigkeit Holbeins am Porträt der Prinzessin Christine von Dänemark 1538 dem englischen König kein Glück. Wiewohl sich die von ihm Auserwählte als anmutiges Geschöpf entpuppte, wurde nichts aus der Verbindung: Christine gab Franz von Lothringen den Vorzug und hatte mit Blick auf das Erreichen eines geruhsamen Lebensabends sicher nicht falsch gewählt.

Bündnispolitik

Bei all diesem Ausschauhalten nach einer neuen Gefährtin – und der Verschleiß Heinrichs auf diesem Gebiet war ja nicht eben gering – redete natürlich die jeweilige politische Konstellation ein kräftiges Wort mit. Die Fortsetzung der Verbindung mit Spanien über die Ehe mit der Witwe Arthurs fand die Bestätigung in der Unterstützung der spanischen Politik gegenüber Frankreich. Mehrere Kriege gegen den französischen Nachbarn (1511/15, 1521/25, 1543/46) brachten für England kaum herausragende Ergebnisse, schwächten aber seine Ressourcen und führten zu Münzverschlechterungen. Nach der Schlacht von Pavia (1525), mit der Spanien – jetzt vereint mit den Habsburgern – zum Beherrscher Europas aufstieg, wurde ein Bündnis mit

England als überflüssig angesehen. Die Trennung von Katharina und die Reformation taten ein übriges, um die Position Englands in Europa nicht eben sonnig erscheinen zu lassen. Als dann Karl I. und Franz I. 1538 gar einen zehnjährigen Waffenstillstand vereinbarten – der natürlich nicht so lange hielt – fühlte Heinrich sich gefährlich isoliert und bedroht. Um einer Invasion nicht unvorbereitet gegenüberzustehen, befahl er – der sich ja selbst mit Schiffsbau, Festungs- und Geschützwesen sowie sonstigen Künsten befaßte – an den wichtigsten Schlüsselstellungen im Süden und Osten eine Reihe von Küstenbefestigungen zu errichten. Sie befanden sich entlang der Themsemündung, an der Kentküste bei Deal, Walmer, Dover und Sandgate, bei Calshot und Hurst in Hampshire und in Cornwall. St. Mawes und Pendennis gehörten zu den wichtigsten Forts – zumeist entworfen von dem deutschen Ingenieur Stefan von Haschenperg –, in denen viele fortschrittliche, auf dem Kontinent entwickelte Verteidigungsarten zur Anwendung kamen.

Mit Kompetenz und Umsicht

Heinrichs Herrschaft war untrennbar mit der des Adels verbunden. So, wie die Adligen ihn brauchten, um das System aufrechtzuerhalten, war Heinrich auf den Adel angewiesen. Und was sein Vater weitgehend verabsäumt hatte, das holte Sohn Heinrich VIII. reichlich nach, indem er durch Nobilitierungen für die Aufstockung seines Adels sorgte. Zu Beginn seiner Regierungszeit zählte man 45 Peers (Pairs, Adlige), ei-

Nobilitierungen

nen Herzog (Buckingham), einen Marquis (Dorset), zwölf Grafen und 31 Barone.

König Heinrich VIII. restaurierte zwei Herzogtümer, Norfolk für die Howards und Cornwall für seinen Sohn Eduard, schuf zwei neue, Suffolk für den Ehemann seiner Schwester Maria sowie Richmond für seinen natürlichen Sohn Fitzroy, und erhob zwei seiner Untertanen in den Status eines Marquis (Henry Courtenay, Graf von Devon, als Marquis von Exeter sowie Anna Boleyn zur Marquese von Pembroke).

Außerdem erneuerte beziehungsweise schuf er in seinen 37 Regierungsjahren 15 Grafschaften, die – mit Ausnahme der erneuerten Grafschaft von Salisbury – die Namen englischer Counties erhielten. Die meisten gingen an Gefolgsleute, die als Gemeine geboren waren, wie Boleyn, Clifford, Cromwell, Seymour oder Somerset. Zieht man die 26 von Heinrich geschaffenen Baronien mit in Betracht, wird man feststellen, daß er einen Adelsstand von beträchtlicher Größe hinterließ, durch Rechte und Abhängigkeiten eng miteinander verbunden. Mehr als die Hälfte der noch lebenden Adligen verdankt ihre Titel König Heinrich VIII. Seine Ernennungen und Beförderungen haben die Zusammensetzung des englischen Adels verändert. Selbst Männer aus alten Linien – wie Buckingham, Exeter oder Norfolk – mußten, auch wenn es sie schwer anstand, erkennen, daß ihre alten Titel – nicht minder als die frischgebackenen – und ihre Positionen vom König abhingen.

43

SCHLÖSSER UND RESIDENZEN

Im Baustil
des Perpendicular offenbarte sich der Drang,
der mittelalterlichen Finsternis
zu entfliehen und seiner Enge
durch Licht und Sonne zu begegnen.

Während Versailles oder Sanssouci sich heute als Museen einem breiten Publikum öffnen und Schönbrunn als Denkmal einer großen Vergangenheit besucht wird, behielt Windsor Castle seine Funktion als Residenz. Die Tradition dieser alten Königsburg reicht beinahe 1000 Jahre zurück und ist verbunden mit dem Normannenherzog Wilhelm dem Eroberer, der 1068 auf einer Hügelkuppe über der Themse die ersten Bauten und Palisaden aus Holz errichten ließ. Diese wurden im folgenden Jahrhundert durch Steingebäude und Mauern ersetzt. Der Bergfried (englisch »Keep«), genannt »The Round Tower« (der Runde Turm) ist einer der frühesten Steinbauten in der Burg. Er steht auf einer kleinen Anhöhe, die man aus der Erde des Wallgrabens aufgeschüttet hatte. Das äußere Bild des wehrhaften Baus bestimmt eine starke runde Mauer mit Galerien für Bogenschützen. Ein über 50 Meter tiefer Brunnen im ungedeckten Innenraum des Turms versorgte die Verteidiger mit Wasser. Unter Heinrich III. (1216 bis 1272) wurde die Burg in südwestliche Richtung erweitert und der große Thronsaal gebaut.

Die Blütezeit Windsors begann mit Eduard III. (1327–1377), da es zu seinem Lieblingsaufenthalt avancierte. Zahlreiche Um- und Neubauten entstanden, die noch heute zu den schönsten der Anlage von Windsor Castle gehören. Allein für den runden Kolossalbau im oberen Hof, der für die Ritter des runden Tisches bestimmt war, mühten sich 700 Maurer und Steinmetze. Eduard gedachte damit, die berühmte Tafelrunde des sagenhaften Königs Artus wiederzubeleben.

Das heutige Aussehen von Windsor Castle geht auf den von Georg IV. beauftragten Architekten Wyattville (eigentlich Jeffry Wyatt) zurück, der die Burg Ende des 18. Jahrhunderts erweiterte und regotisierte. Mit St. George's Chapel jedoch ist eines der schönsten Beispiele spätgotischer Kirchenbaukunst im Perpendicular Style aus der Zeit Heinrichs VIII. erhalten geblieben.

Ein zweites, ebenso bewundernswürdiges Zeugnis dieses von den Engländern geschaffenen Stils, der absolut insular blieb, ist die Grabkapelle von Westminster Abbey, der Krönungskirche der englischen Könige seit Wilhelm I., dem Eroberer. Sie war zwischen 1503 und 1509 an der Stelle der früheren Lady Chapel (Kapelle der Heiligen Jungfrau) errichtet worden und bildet den Ostabschluß der Westminster Abbey.

Windsor Castle

Artus' Tafelrunde?

St. George's Chapel

Stumme Zeugen der Geschichte:
Die Kathedrale von Canterbury, erbaut zwischen 1175 und Ende des 14. Jahrhunderts

Charakteristisch für den Perpendicular Style – er begann in ganz England im letzten Viertel des 14. Jahrhunderts Fuß zu fassen und blieb für etwa 150 Jahre bestehen – sind die nach allen Seiten ausstrahlenden geraden Linien. Die Vertikale wurde Herr über den Bogen, vor allem im Maßwerk der Fenster. Indem die Wand mehr als zuvor durchbrochen und auf ein Minimum reduziert wurde, bildete sie gleichsam den Rahmen für die beherrschenden Fenster. So verstärkte sich der Eindruck von einem Glashaus, das von dünnen Pfeilern getragen wird, und erstmals in der englischen Gotik wurde eine tektonische Schwerelosigkeit betont. Einen wunderbaren Gegensatz zu der sonst vorherrschenden geraden Linie bildeten die reichverzierten Fächerge-

Perpendicular Style

45

wölbe, die man in keinem anderen Land kennt. Sie sind ein Maßstab für den hohen Stand der Handwerkerkunst dieser Zeit. Mathematische Berechnungen von größter Präzision und Kompliziertheit waren erforderlich, um die Steine zu behauen und einzusetzen. Die Krone der in England existierenden und unnachahmlichen Fächergewölbe gebührt dem Gewölbe in der Grabkapelle Heinrichs VII. Wie Stalaktiten hängen die Schlußsteine von der Decke herab, auf die alles zustrebt, sich alles konzentriert. Sie ist, wie Edith Barr feststellte, »ein aus Stein gesponnenes Spitzengewebe von einmaliger atemberaubender Schönheit und bedeutet zugleich eine einzig dastehende Leistung der Ingenieurkunst dieser Epoche, das Wunder und den Triumph dieser Baumeister der Tudorzeit«.[12]

Grabkapelle

Im seltenen Kontrast zu diesem von Bewegung vibrierenden Gewölbe finden sich die Grabmäler von Heinrich VII. und seiner Frau Elisabeth, die die klassische Ruhe der Renaissance widerspiegeln. Heinrich VIII. gelang es, den italienischen Architekten Pietro Torrigiano an seinen Hof zu holen. Dieser war aus Florenz geflohen, weil er wohl in einem Streit Michelangelos Nase zerschmettert hatte. Torrigiano schuf zwischen 1512 und 1518 den Altar und die Grabmäler mit den lebensechten Skulpturen der Eltern Heinrichs VIII. Die Figuren aus vergoldeter Bronze liegen auf einem schwarzen Marmorsockel, und um das Grabmal zieht sich ein Eisengitter mit den Familienemblemen des Königspaares. Der Sarkophag ist mit dekorativen Formen aus Stein und vergoldeter Bronze bedeckt: rundliche Putten, Blumenkränze von schwebender Anmut, Reliefs der Heiligen Jungfrau und verschiedene Engel. Hier, so sagt Francis Bacon, wohne der sparsame König, der jeden Pfennig zweimal umdrehte, bevor er ihn ausgab, im Tode viel prunkvoller als je zu seinen Lebzeiten auf seinen Schlössern.

Pietro Torrigiano

140.000 Pfund hatte er in Gedanken an seinen Tod für die Errichtung der Kapelle in Westminster ausgesetzt.

Heinrich VIII. wohnte nur bis 1512 in Westminster. Bei einem gewaltigen Feuer im April jenes Jahres brannte der größte Teil der von ihm bewohnten Räume von Westminster Palace ab. Dieses Ereignis galt gleichsam als Symbol für das Ende der mittelalterlichen Monarchie nach außen, noch ehe diese innerlich der neuen Zeit vollständig den Platz geräumt hatte. Westminster Palace, das üppige Bauwerk aus überkommener Zeit, ist nie wieder aufgebaut worden.

Westminster Palace brennt

Dafür aber zeigte Heinrich für den im Zentrum von Westminster gelegenen York Place – traditionell die Londoner Residenz des Erzbischofs von York – verstärktes Interesse. Unter Kardinal Wolsey war das Schloß um- und ausgebaut worden und schon damals der Aufmerksamkeit und auch dem Neid des Königs nicht entgangen. Vor Wolsey war kaum etwas an dem Haus verändert worden. Er steckte insgesamt mehr Geld in dieses Unternehmen als in Hampton Court und ließ es zu einem wahren Schmuckstück gestalten, das seiner Stellung und seinen Ansprüchen gerecht werden konnte. Giustinian schwärmte, daß man acht Räume durchschreiten müßte, »ehe man das Audienzzimmer erreicht. Alle waren behängt mit Gobelins, die wöchentlich gewechselt wurden«[13].

York Place

Nach dem Sturz des schier allmächtigen Kanzlerkardinals übernahm der Souverän York Place, erweiterte und veränderte es zu Schloß Whitehall. Es symbolisierte wie kaum ein anderes die neue Monarchie und verriet unverkennbar die persönlichen Intensionen Heinrichs. Whitehall wurde zum Hauptwohnsitz der Tudormonarchie. Für den Um- und Ausbau nutzte man Teile des vor 18 Jahren niedergebrannten Palastes von Westminster und des Mar-

Schloß Whitehall

Ein architektonisches Meisterstück:
Whitehall Palace und Whithall Stairs von der Themse-Seite.
Zeichnung von Antonius van den Wyngaerde, 16. Jahrhundert.
Ashmolean Museum, Oxford

stalls bei Charing Cross. Thomas Swalowe zog durch die Grafschaften, um Arbeitskräfte zu gewinnen. So waren allein 382 Arbeiter damit beschäftigt, alte Häuser abzureißen, die beim Ausbau störten. Material aus der Normandie, aus Ipswich, Kingston und Esher wurde herangeschafft, auch um die anderen Gebäude um den Palast herum zu errichten, in denen die Hofleute und die Dienerschaft wohnen sollten.

Die lange Galerie – die erste Kunstgalerie Englands – war von Hans Holbein d. J. ausgestattet worden. Die großzügige Bauart bot nicht nur genügend Gemächer für die wachsende Schar von Höflingen, sondern auch Raum für Tennisplätze, einen Hahnenkampf – und selbstverständlich einen Turnierplatz. Auch ein Garten wurde angelegt – einer der frühesten in England nach französischem Muster, in dem es laut Bericht von 1545 sogar eine Fontäne gegeben haben soll.[14]

Verblüffend mutet uns die Entscheidung Heinrichs an, auch fürderhin nicht den seit Menschengedenken öffentlichen Landungsplatz »Whitehall Stairs« zu sperren, so daß das Publikum weiterhin seinen Zugang zum Fluß quer durch die Schloßgründe und durch das neue Tor

Whitehall Stairs

hatte. Dies war in früherer Zeit die Straße von Westminster nach Charing Cross gewesen. Durch die öffentliche Straße war Westminster in zwei Teile geteilt, mit der bekannten King Street und den sogenannten Holbeingateways (Holbeintore), die sie verbanden. Leider ist heute von der ursprünglichen Pracht Whitehalls nichts mehr zu sehen, da es, wie viele andere Gebäude, ein Raub der Flammen wurde.

Ein zweites, ebenfalls auf Wolseys Einfluß zurückgehendes Kleinod von Architektur und Prachtentfaltung bildete Hampton Court – ein Landhaus an der Themse bei Richmond Surrey. Das Äußere dieses Palastes – mit Türmen und Zinnen gekrönt und mit Wassergräben umgeben – entsprach noch der mittelalterlichen Bauweise, von der man sich nur langsam löste. Hunderte von Arbeitern schufen in nur knapp zwei Jahren einen Bau, für den die Bezeichnung Lustschloß wohl kaum hochgestapelt erscheint. Es verriet überall den Geschmack und die Ansprüche des Bauherrn, aber auch seine Willenskraft und Lebensart. Wohl nur einem perfekten Organisationstalent wie Wolsey war es vergönnt, in solch kurzer Zeit einen Palast in strahlender Schönheit und zweckmäßiger Art und Weise zu bauen. Er ließ Holz aus Weybridge und Reading, Steine aus Reigate und Barnet, Kalk aus Ruislip sowie rote im nahen Brennofen durch Richard Reculver gebrannte Ziegel herbeischaffen. Bereits im Mai 1515 setzte der Glaser die Fenster vom »my Lord's gallery« ein.

Gleich nachdem er den Baugrund (um 1514) erworben hatte, wollte Wolsey den Bau des »Landhauses« beginnen lassen, forderte zuvor aber – ängstlich um seine Gesundheit besorgt – von seinen einheimischen Ärzten ein Gutachten über die Umgebung des Bauplatzes. Da er den eigenen Medizinmännern nicht traute, bat er ein Ärztegremium aus Padua um eine zusätzliche

Sachverständigenauskunft. Es zeigte sich diplomatisch genug, den von Wolsey »weise gewählten Platz« zu bestätigen. Dieser Mann schien sich generell mehr Gedanken um Hygiene gemacht zu haben als andere Zeitgenossen. Das Trinkwasser für Hampton Court wurde über eine zwei Meilen messende Bleirohrleitung zugeführt, wiewohl das Schloß unmittelbar an der Themse lag. Er sorgte auch dafür, daß Baderäume und Aborte angelegt und die Abwässer sowie der Unrat abseits vom Schloß durch gemauerte Kanäle in die Themse geleitet wurden. Bei ihm durften die Hunde nicht frei umherlaufen – eine für damalige Zeiten unerhörte Zumutung, wo selbst im Königspalast die Hunde Narrenfreiheit besaßen. Doch all diese Vorkehrungen waren wohldurchdacht und zweckbestimmt: Hampton Court blieb, da auch Wolseys Bestimmungen überdauerten, Jahrhunderte von der Pest und anderen Epidemien verschont.

Heinrich VIII. staunte nicht wenig, als er seinem »lieben Kardinal« (myne awne goods Cardinal) 1516 einen ersten Besuch im neuen Heim abstattete. Sein eigener Palast in Windsor schien ihm nunmehr kaum noch königswürdig angesichts der Pracht, die ihm hier begegnete. Alles war mit Stoffen behangen. Wolsey ließ immer neue Gobelins aus Flandern kommen und bestellte Tische, Truhen und Bettgestelle in Venedig, da die englische Produktion seinen Wünschen nicht gerecht wurde. Ihren Weg nach Hampton Court nahmen ganze Schiffsladungen mit Teppichen, Kissen und Schaumstoffen. So heißt es auf einem zeitgenössischen Lieferschein: »100 türkische Kissen mit Perlen bestickt, Bettvorhänge mit venezianischer Goldstickerei. Stühle mit purpurfarbenem Samt überzogen und die Lehnen mit ›myne Lords Cardinalls‹ Wappen und Kardinalshut mit Goldfäden auf grüner Seide bestickt. «[15] Der Teppich- und

(Marginalien:)
Hygienebedingungen

Hampton Court

Teppich- und Kissenluxus

Einheit von Kunst und Zweckmäßigkeit:
Ein Kamin für den König, entworfen von Hans Holbein d. J., nach 1535
British Library, London

49

Kissenluxus hatte irgendwo auch seine praktische Daseinsberechtigung, denn in den Palästen war es schon zu wärmeren Jahreszeiten nicht eben mollig. Noch ärger wurde es im Winter. So wurde berichtet, daß Königin Anna über ihr Wasserbecken ein Fell gebreitet hatte, damit sie sich waschen konnte, ohne das Eis brechen zu müssen.

Daß bei Wolsey alles vom Feinsten war, wird von vielen Besuchern erwähnt, so auch vom venezianischen Botschafter Marco Antonio Venier, der 1527 Hampton Court besuchte und den Wert des goldenen und silbernen Tafelgeschirrs allein auf 300 000 Golddukaten (damals etwa 150.000 Pfund Sterling) schätzte.[16]

Hampton Court wurde für Jahre der Mittelpunkt heiterer Feste. Dieses Schloß erwies sich als so prachtvoll und einmalig, daß Wolsey, der die Gier seines Herrschers wohl am besten einzuschätzen vermochte und größeren Problemen aus dem Wege zu gehen gedachte, ihm 1525 das Schloß zum Geschenk machte. Eine Anekdote erzählt, daß auf Heinrichs unwilligen Ausruf: »Warum müssen sich Untertanen so prächtige Paläste erbauen«, der Kardinal schlagfertig geantwortet habe, »um sie ihrem Herrscher zu schenken«.[17] Wolsey durfte allerdings noch bis zu seinem endgültigen Sturz darin leben.

Zwischen 1531 und 1536 ließ der König diesen fürstlichen Landsitz aus- und umbauen, um ihm seinen Stempel aufzudrücken. Zuerst natürlich wurden Wolseys Wappen durch Heinrichs Wappenschilder und Monogramme ersetzt. Haus und Gärten erhielten ein noch prächtigeres Gesicht. Obwohl die Küche in Hampton Court an die 48 Fuß maß, schien sie dem König nicht groß genug für seine Ansprüche, so daß eine zweite Küche gebaut wurde. Heinrich ließ eine ganze Reihe von Staatsräumen einrichten, den Conduit Court und die Galerie der Königin,

welche wahrscheinlich das Muster darstellte für die zahllosen und so beliebten »langen« Galerien in englischen Schlössern. Noch heute ist die unter Heinrich entstandene Great Hall (Große Halle) zu bewundern, die eine beträchtliche Höhe mißt. Auffällig ist der große Reichtum der Maßwerkfenster hoch über einer riesigen Fläche von kunstvoll gemustertem Ziegelmauerwerk. Die Decke zeigt ein wundervoll geschnitztes Hammerbeam-Gefüge im Perpendicular Style mit doppelt verschränktem Bogen. Die Wände sind mit Renaissanceornamenten überzogen. Italienische Baumeister sollen sich hierbei mit verewigt haben.

Die Schloßkapelle, die wahrscheinlich noch unter Wolsey errichtet worden ist, erhielt unter Heinrich ihr hölzernes Tudorgewölbe, dessen freihängende Konsolen die Trompete blasende Knaben als Renaissanceschnitzereien tragen.

Die schönen Gärten waren stets voll Lachen, Musik und fröhlichem Getümmel. Wolsey hatte sie anlegen lassen, um sich bei einsamen Spaziergängen zu erholen und über Staatsgeschäfte nachzudenken. Cavendish läßt ihn in der Versbiografie folgendermaßen schwärmen: »Meine Galerien sind schön, lang und breit, um darin zu wandeln, wenn es mir am besten gefällt . . . in meinen anmutigen Gärten, die mit starken Mauern umgeben sind, in denen Bänke sind, um darauf zu sitzen und zu ruhen, mit Beeten so zierlich ausgelegt, daß man es nicht schildern kann, mit Lauben und Alleen, so angenehm und lieblich, die mit ihren Düften alle bösen Dünste zurückdrängen.«[18]

Unter Heinrichs Ägide wurden viele Neuheiten in den Gärten eingeführt, wie sie bisher nie gesehen wurden. Eine der ersten stellte der neue Obstgarten dar. Seinen Eingang könnte man als die erste Gartenausstellung über dynastische Heraldik bezeichnen. Die königlichen Wap-

Margin notes: Great Hall · Schloßkapelle · Geschenk an den König · Lustgarten

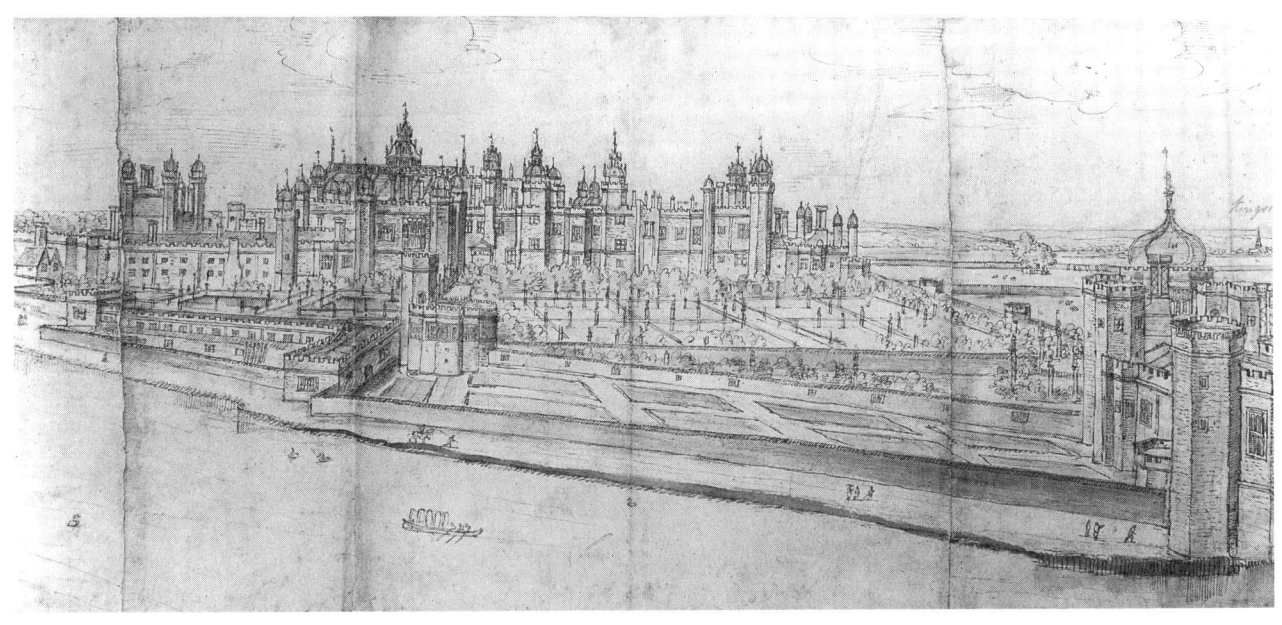

Ein Geschenk für den König:
Hampton Court Palace. Zeichnung von Antonius van den Wyngaerde, 16. Jahrhundert.
Ashmolean Museum, Oxford

pentiere – in leuchtenden Farben und vergoldet – saßen auf Stangen, die in den Tudorfarben weiß und grün gestrichen waren, und ein jedes trug eine kleine weiße Fahne mit den königlichen Wappen oder einer Tudorrose. 1532 begann man mit einer Serie von drei Gärten, die an der Südseite des Palastes in Richtung Flußufer verliefen: Dem Privy Garden (Königsgarten), der unter den Fenstern der königlichen Gemächer lag, dem Mount Garden (Berggarten), mit einem herrlichen Blick auf den Königsgarten bezichungsweise auf die Themse, und dem Pond Garden (Teichgarten), ursprünglich als Fischteich zum Füllen des königlichen Topfes gedacht, dann aber mehr der Erholung dienend.

Heckenumsäumte Wege führten schneckenförmig den Mount empor, um an einer Laube oder wenigstens einem Ruheplatz zu enden, wo man die Aussicht genießen konnte. Die Beete im Königsgarten selbst waren in verschlungenen Mustern angelegt. Diese »knotted beds« umgab man mit Zäunen verschiedener Art, um sie vor unachtsamen Fußgängern, Reitern und umherlaufenden Tieren zu schützen. Die Beete waren von horizontalen grün-weiß gestrichenen Holzlatten umsäumt, wie erhalten gebliebene Rechnungen über Lieferungen, aber auch Bilder belegen. Anders als die Gärten in Frankreich sahen die englischen nicht wie auf dem Reißbrett entworfen aus und erfreuten mehr durch ihre geschmackvolle Anlage als durch diverse Extras. Sie wirkten trotz ihrer Größe – Hampton Court mißt allein 2000 Acres – heiter, locker und sorglos. Auch befand sich hier damals schon das berühmte Labyrinth, ein Irrgarten, bestehend aus geschnittenen Eiben-, Liguster- oder Buchs- Spaziergänge im Labyrinth baumhecken. Der nüchterne Engländer Henry Home verurteilte in seinen »Grundsätzen der Kritik« die Irrgärten und Irrgänge als bloßes Getändel ohne viel Wert mit folgenden bissigen Worten: »Allerdings war es eine gemeine und widrige Bestimmung der Irrgärten, daß auf nichts weiter gesehen ward, als den Spazierenden in Verlegenheit zu setzen, worin der Kluge nicht minder als der Einfältige fallen kann. Auch flößten die engen Gänge und hohen Hecken, woraus die Labyrinthe bestanden, bei dem einsam Umherirrenden, leicht ein Gefühl von Fürchten ein ...«[19] Ob sich zweisam Umherirrende wohl auch gefürchtet haben?

Ein anderes typisches Merkmal dieser Gärten bildeten die 20 Sonnenuhren, die ebenso wie die königlichen Wappentiere überall im Königsgarten zu finden waren.

Das Hauptproblem für den Ziergarten bestand in der Bewässerung. So mußten bezahlte Bewässerung Arbeiter nachts das Wasser aus der Themse hera.auftragen, um die Bassins damit zu füllen. In den Obstgärten auf der anderen Seite des Hauses, wo sich auch die Lustschlösser von Hampton Court befanden, klärte man die Frage nach dem kühlen Naß mittels kleiner Kanäle, über die zierliche Brücken, mit den unvermeidlichen Wappentieren geschmückt, führten. Diese Nutzgärten, umgeben von hohen Mauern, waren damals üblich und leben in den Küchengärten auch noch heute fort.

Wo Heinrich sich aufhielt, durften natürlich Plätze für Sport und Spiel nicht fehlen. So ließ er an der Nordseite eine geschlossene Ballspielbahn und einen geschlossenen Tenniscourt anlegen, versehen mit zwölf durch Drahtgeflecht geschützte Fenster, um genügend Licht einfallen zu lassen. Auch in Whitehall hatte der König,

gleich nachdem er den Palast übernahm, eine »bowling alley« pflanzen lassen. Vom damals neu errichteten Turnierplatz – größer als jener in Greenwich – zeugt heute noch der Turm, der errichtet worden war, um den Damen genügend Sicherheit beim Zuschauen zu bieten.

Verschönerung und Erweiterung erfuhren unter Heinrich VIII. auch andere alte Residenzen, so in Eltham, Bridewall oder Greenwich. Es war seit Jahrhunderten Brauch, daß die Herrscher von Palast zu Palast zogen. So wird berichtet, daß Westminster Heinrich im Jahre 1514 gar Der Hof wandert nicht zu Gesicht bekam, da er mit seinem Hof ständig unterwegs war. Zu Beginn des Jahres weilte er in Richmond, um dann einen Teil des Februars in Lambeth beim Erzbischof und bis Anfang Mai in Greenwich zu verbringen. Nach einer Stippvisite beim Bischof in London logierte der König drei Monate in Eltham und im August wieder in Greenwich. Zu Ende des Monats waren Besuche in Surrey und Kent angesagt, wo er in Guildford, Farnham, Croydon, Oxford, Canterbury und Dover Station machte. Nachdem Heinrich Einladungen beim Bischof von Winchester und Erzbischof von Canterbury angenommen hatte, ging es Anfang Oktober zurück nach Eltham, und die beiden letzten Monate verbrachte er in Greenwich.

Zwei Dinge werden beim näheren Betrachten der Reiseroute deutlich: einmal, daß Heinrich es wenn möglich vorzog, in einem seiner Schlösser zu wohnen anstatt bei Adligen als Gast – wo er zuweilen die Hausherrin beschlief, was durchaus als Auszeichnung zu werten und vom jeweiligen Ehemann entsprechend zu tolerieren war. Zum anderen fällt auf, daß der Hof, soviel er auch durch die Lande zog, sich niemals sehr weit von London und den Midlands entfernte. Nur zweimal zog es Heinrich über den magischen 100-Meilen-Radius – mit London als Fokus – hinaus.[20] Das war 1535, als er den ehemaligen Landsitz des 1521 hingerichteten Herzogs von Buckingham in Thornbury, in der Nähe von Bristol, aufsuchte, und 1541, als es nach York ging, um ein Treffen mit dem schottischen König Jakob V. zu realisieren, das dann aber nicht zustande kam, weil Jakob sich zu einer Tour gen Süden zu diesem Zeitpunkt nicht bewegen ließ. Die Reise nach York, die Ende Juni ihren Anfang nahm, diente sowohl der Zerstreuung der neuen Königin Katharina Howard als auch dem Besuch der Grafschaft, in der die »Pilgerschaft der Gnade« dem König 1536 so viel Unannehmlichkeiten bereitet hatte. Nun wollte Heinrich seinen Untertanen seine Macht und Majestät zeigen. Deshalb nahm er auf die Reise nach York auch viele Bewaffnete mit, so daß es eher einem Heer –, denn einem höfischen Lager glich. Sogar Artillerie mußte per Schiff nach York auf dem Ouse befördert werden. 5.000 Pferde waren notwendig,

Reiseaufwand

200 Zelte und Pavillons galt es bei jedem Halt neu aufzubauen, wo dann das Tafelsilber, die Gobelins und all die anderen Dinge, die das Leben angenehm machen und eigens aus Whitehall mitgenommen worden waren, Platz fanden. Alles was Rang und Namen besaß, wurde auf diese Vier-Monate-Tour mitgenommen. Um in London nach dem Rechten zu sehen, blieben lediglich Erzbischof Cranmer, Lordkanzler Audley, der Herzog von Hertford (Edward Seymour) und Sir Ralph Sadler, der Staatssekretär. Selbst wichtige Diplomaten, wie Marillac, begleiteten den König nach York sowie seine Tochter Maria, die dem Norden, der seinen König ein halbes Jahrhundert nicht zu Gesicht bekommen hatte, zeigen wollte, welch pflichtbewußte Tochter sie war. Die Feldküche hatte alle Hände voll zu tun, um die Mahlzeiten, die sich kaum von denen in Whitehall oder Hampton Court unterschieden, zuzubereiten.

Ursache des Wanderlebens

Den hauptsächlichsten Grund für das allgemeine »Wanderleben« lieferten die sanitären Bedingungen. Die Fußböden der Schlösser St. James, Richmond und Whitehall waren nur mit Schilf ausgelegt. Dort landete alles, was überflüssig geworden war: abgenagte Knochen, schmutzige Wäsche und Abfälle jeglicher Art. Lag zuviel Unrat umher, deckte eine neue Lage Schilf dieses Stilleben zu. Gründlich aufgeräumt wurde schon deshalb kaum, um das tägliche Zeremoniell nicht zu stören. So blieb über kurz oder lang keine andere Möglichkeit – um die Nasen der Herrschaften nicht zu arg zu belästigen –, als mit dem gesamten Hofstaat in ein anderes Domizil überzusiedeln. Eine Ausnahme blieb Hampton Court mit Wolseys sanitären Anlagen und Vorschriften, die von Heinrich eher noch verschärft wurden. Die Dienstboten waren bei Strafe der Einkerkerung gehalten, sämtliche Gemächer täglich zweimal auszufegen und zu bürsten. Einige Hofherren hatten die Aufgabe, sich

»Unziemliche« Leute

um »unziemliche« Personen zu kümmern. Es handelte sich dabei um Leute aus der Umgebung, »Vagabunden und Dirnen«, die sich unter die Hofgesellschaft mischten und sich ungebeten an Speis und Trank labten. Da die Eingänge des Palastes kaum bewacht waren, konnte jeder einigermaßen gewitzte und unverfrorene Bursche sich leicht unbemerkt einschleichen.

Zur Hygiene gehörte auch die Aufgabe des königlichen Apothekers, dreimal täglich die transportablen Nachttöpfe auszuleeren. Eine

Das erste WC

kleine Revolution auf diesem Entsorgungsgebiet bildete eine Erfindung von William Green, die er dem König mit etwa sechs Pfund Sterling in Rechnung stellte. Er baute einen neuen Stuhl in Anlehnung an den königlichen Nachtstuhl – mit Sitz-, Rücken- und Armlehne aus festem Holz, gepolstert mit Daunen und bespannt mit schwarzem Samt, der mit Seidenband und Fransen geschmückt und mit goldenen Nägeln befestigt war. Das Besondere an dem Stuhl waren das Becken und der Wasserbehälter. Green erläuterte, daß dies kein transportables, sondern ein Wasserkloset sei – das erste dieser Art in der Welt.

Heinrich zog manchmal auch, wie es früher üblich war, über Land. Dabei mietete er sich gezwungenermaßen zuweilen in den Landhäusern des grundbesitzenden Adels ein, die gerade zu dieser Zeit, Feenpalästen gleichend, auf den Wiesen- und an den Waldgründen Englands em- Ländliche Feenpaläste porwuchsen. Private Burgbauten waren nicht mehr üblich. Sie endeten mit dem von Buckingham 1511 begonnenen Thornbury Castle, Gloucestershire, als dieser 1521 unfreiwillig das Zeitliche segnete. Während die Entwürfe für die Landsitze zumeist von englischen Baumeistern stammten, lag die Dekoration in den Händen italienischer Künstler. Zur Norm dieser »manor houses« (Herrensitze) gehörte eine imposante Fassade im Mischstil aus gotischen und Renaissanceelementen: ein mit Türmchen bekrönter,

In reizvoller Landschaft:
Einer der Feenpaläste sollte aus dem ehemaligen Landsitz Cuddington entstehen:
Heinrichs Lustschloß Nonsuch (Ohnegleichen). Aquarell von George Hoefnagel, 16. Jahrhundert.
Ashmolean Museum, Oxford

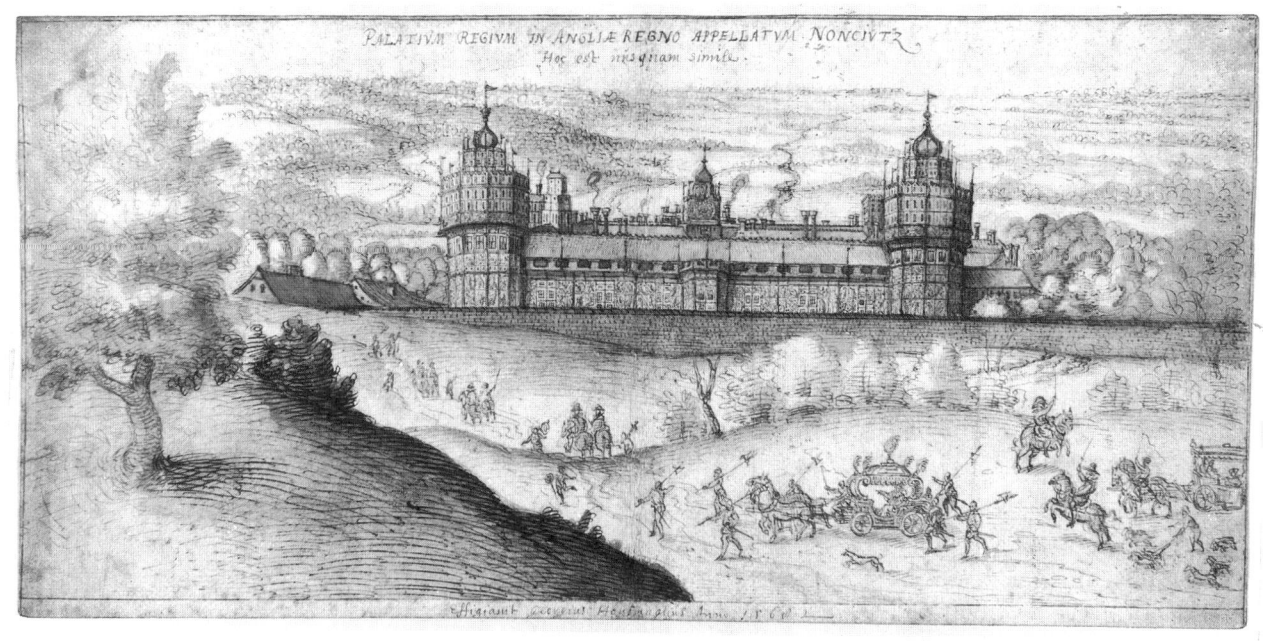

Nach französischem Vorbild:

Schloß Nonsuch ließ Heinrich VIII. in Nachahmung des Lustschlosses von Franz I. errichten.
Zeichnung von George Hoefnagel, 1560.
British Library, London

zu einem Innenhof führender Torweg, eine
großangelegte Halle für festliche Zusammen-
künfte, ein mächtiger, gewöhnlich aus Holz ge-
schnitzter Treppenaufgang, schön ausgestat-
tete, mit Fresken oder Wandbehängen geschmückte und mit Gitterfenstern und Erkern
versehene Räume. Dazu ein sich rund um das
Haus erstreckender Garten, ein Hirschpark und
ein Jagdrevier. Hier konnte sich auch ein absoluter Souverän wohlfühlen. So kam es vor, daß
Heinrich sich bei seinem Schatzkanzler, dem ersten Lord Sandys, in »The Vyne« in Hampshire
einmietete. Der König nahm auch mehrfach die
Gelegenheit wahr, in »Compton Wynyastes« in
Warwickshire bei William Compton zu logie-

»The Vyne«

ren. Dieser war 1493 als elfjähriger Mündel der
Krone Page beim damals zweijährigen Heinrich
gewesen. Die Freundschaft zwischen beiden
hielt an bis zum Tod Comptons 1528. Das Zimmer, in dem Heinrich – und später auch Elisabeth, Jakob I. und Karl I. – gewohnt haben,
heißt heute noch »Zimmer Heinrichs VIII. « und
zeigt die vier Monogramme im Stuck der Decke.

Etwas ganz Besonderes sollte ein Landsitz in
Cuddington (Grafschaft Surrey) werden, der
von Heinrich VIII. als triumphales Lustschloß
konzipiert worden war. Kirche, Herrenhaus und
Gehöfte des Dorfes hatte er schleifen lassen, um
inmitten eines weiten Parks Raum für den Neu-
bau in herrlicher Umgebung zu schaffen. Auslö-

ser für das Vorhaben scheint die große Residenz des französischen Monarchen Franz I. gewesen zu sein, dessen Lustschloß Chambord Heinrich ein ebenbürtiges entgegenzusetzen gedachte. 1538 wurde mit dem Bau von »Nonsuch« (Ohnegleichen) begonnen. Nur zehn Kilometer von Hampton Court entfernt, sollte es inmitten von Parks, die etwa 1.700 Morgen Land umfaßten, in malerischer Pracht entstehen. Es war als spätgotisches Bauwerk unter italienischem Einfluß entworfen worden, versehen mit verschwenderischen, klassischen Ornamenten, diversen Türmchen und Minaretten. Eine alte Beschreibung sagt aus, daß Heinrich die vortrefflichsten Künstler, Baumeister, Bildhauer und Steinmetzen verschiedener Nationen, Italiener, Franzosen, Holländer, und auch Leute aus England dorthin berief. Diese »legten ein wunderbares Beispiel ihrer Kunst in der Ausstattung des Palastes ab, den sie von innen und außen mit Bildwerken zierten, die im wörtlichsten Sinne die Werke des alten Rom wiederholen und sie teilweise sogar an Vorzüglichkeit übertreffen«[21]. Die königlichen Gemächer waren so angelegt, daß sie den inneren Hof umgaben. Ihre Anordnung entsprach der Zeitentwicklung, die ein Zurückziehen des Königs aus der großen Halle ins Presence Chamber (Audienzzimmer) und mit der Vervollkommnung und dem Luxus bei Hofe dessen Teilung in public Presence Chamber (öffentliches Audienzzimmer) und private Privy Chamber (inneres privates Königsgemach) mit sich brachte.

Im Hof befand sich die Kirche, für deren Bau die Nachbarpriorei Merton abgerissen wurde, um Steine zu gewinnen. 520 Leute, die in Zelten

Lustschloß »Nonsuch«

Schicksal von »Nonsuch«

lebten, arbeiteten bis in die Abendstunden hinein, um den Palast so bald wie möglich fertigzustellen. 1541 wurde der innere Hof vollendet.

Wenn man zum Tor hineinkam, fiel der Blick zuerst auf die in Stein gehauene, massive Figur Heinrichs VIII., der, auf einem mächtigen Thron sitzend, seinen Fuß auf einen bezwungenen Löwen stützte. Wiewohl etwa 1.000 Stück Wild in dem weitläufigen Park ausgesetzt wurden, war er nicht nur als Jagdgebiet gedacht, sondern sollte eine Art »Country Palace« sein, in dem Höflinge und Bedienstete in zahlreichen Häusern unterkommen konnten. So bildete zum Beispiel der Festsaal nicht einen Teil des Hauptgebäudes, sondern war eine Holzkonstruktion auf einem der Hügel des Parks.

Heinrich starb, als sich der äußere Hof noch im Bau befand. Unter Maria wäre der Palast fast der Zerstörung anheim gefallen. »Nonsuch« entging diesem Schicksal nur, weil der große Freund der Kunst und der Wissenschaft Fitz Allan, Graf von Arundel, es kaufte und so glanzvoll ausbaute, wie der König es angestrebt hatte. Unter ihm waren zwar zwei große Parks eingefriedet worden, aber die »köstlichen Gärten, Haine mit Säulengängen und mit Spazierwegen, so von Bäumen überdacht, daß es scheint, als hätte das Vergnügen den Ort gewählt, um dort mit der Gesundheit zu leben«[22], wie Paul Hentzner in seinem Bericht aus dem Jahre 1598 schwärmte, dürften erst unter Elisabeth entstanden sein. Sie erhob »Nonsuch« zu ihrer bevorzugten Residenz. Karl II. schenkte es seiner Mätresse Lady Castlemaine (1679), die es abreißen und stückweise verkaufen ließ. Heute ist von all dem kaum noch eine Spur zu entdecken.

11 **In Gottes Nähe:**
Die Königskapelle von Hampton Court.
Blick vom Balkonsitz, der sich in einer Ebene
mit den Privatgemächern Heinrichs VIII. befand

12 **Ein besonderes Schmuckstück des Königspalastes:**
»Große Halle« in Hampton Court.
Sie beeindruckt vor allem
durch die Perpendicular-Deckengestaltung

Vorhergehende Seite:
10 Zeitzeichen:
Clock-Tower von Hampton Court mit der astronomischen Uhr,
die Nicolas Oursian für Heinrich VIII. gebaut hat

13 Das Geschenk des Kardinals:
Blick auf Schloß Hampton Court aus der Vogelperspektive,
das nach Übernahme durch Heinrich VIII. zur Hauptresidenz um- und ausgebaut wurde.
Gemälde von Leonard Knyff, Anfang 18. Jahrhundert.
Royal Collection, London

14 **Königlicher Anblick:**
Schloß Hampton Court.
Royal Collection, London

15 Das Kleinod am Themseufer:
Whitehall in London.
Royal Collection, London

16 Der streitsüchtige, turnierfreudige Monarch:
Rüstung König Heinrichs VIII.
Tower von London

17 Hirsch und Hasen auf der Spur:
Der Hof frönt vor Schloß Nonsuch dem Jagdfieber.
Gemälde eines unbekannten Künstlers.
Fitzwilliam Museum, Cambridge

18 Unentbehrlich bei der Jagd:
Königliche Armbrust, verziert und veredelt.
Tower von London

Folgende Seite:
19 Ein beliebter Zeitvertreib:
Monatsbild August: Der Hof zieht aus zur Falkenjagd.
Aus dem Kalendarium Grimani. Buchmalerei.
Brügge, Werkstatt des Simon Bening, um 1513/15.
Biblioteca di San Marco, Venedig

DER HOF PRÄSENTIERT SICH

*Unter Heinich VIII. erhielt der englische Hof
das Gepräge eines Fürstenhofes der Renaissance mit Pracht,
Musik und Kunst, ritterlichen Waffenübungen und
heiteren Gesellschaften.
Sie kündeten von der Glorie des Herrschers
und wurden auch für Staatsgeschäfte nutzbar gemacht.*

Der unter Heinrich VIII. seinen absolutistischen Charakter annehmende englische Königshof bildete allmählich – wie auch andere in Europa – sein Doppelgesicht aus, das sich aus der Zwiespältigkeit des Verhältnisses von König und Adel ergab. Wenn der Hof einerseits mehr und mehr zum Instrument der Beherrschung des Adels avancierte, wurde er doch gleichzeitig zu einem Apparat für dessen Versorgung. Der absolute Herrscher war bestrebt, seinen Adel politisch zu entmachten und ihn zu zähmen. Der Ritter entwickelte sich zum Höfling, der Lehnsadel zum Hofadel. Im selben Atemzuge konsolidierte der König ihn aber sozial und verschaffte ihm eine neue Bedeutung, die dem aristokratischen Element – weit über das Zeitalter des Absolutismus hinaus – einen beherrschenden Einfluß sicherte. Das heißt nicht, daß Nichtadlige keine Möglichkeiten gehabt hätten, in höchste Kreise aufzusteigen. Das gesellschaftliche Feld – speziell zur Herrschaftszeit Heinrichs VIII. – befand sich noch sehr in Bewegung. Adlige Familien sanken ab, bürgerliche stiegen auf. Obwohl die Schranken, die die Stände trennten, offiziell noch existierten, zeigten sie sich doch durchlässig. Persönliche Tüchtigkeit oder Unfähigkeit,

Domestizierung des Adels

persönliches Glück oder Pech konnten in dieser Zeit die Chancen einer Familie in ebenso hohem Maße bestimmen, wie ihre Zugehörigkeit zu diesem oder jenem Stand. Die Eingangstore zum Hof und zu den Hofämtern standen Männern bürgerlicher Herkunft ziemlich weit offen, wie in England unter Heinrich VIII. vor allem anhand der Besetzung von Ministerposten nachvollziehbar.

Im Zeitalter des Übergangs aus dem Mittelalter in eine neue Zeit fiel es den auf den Gütern ihrer Väter aufwachsenden Adligen oft nicht leicht, sich an das sich mehr und mehr verfeinernde, vielfältige und beziehungsreiche Hofleben zu gewöhnen. Noch hatten und nutzten sie die Möglichkeit, von Zeit zu Zeit den Aufenthalt am Hofe mit dem auf dem eigenen Landsitz oder dem eines anderen Großen zu vertauschen. So prägten sich unter Heinrich VIII. wie auch unter Franz I. und Karl I. bereits die Grundzüge von Struktur, Hierarchie und Funktionsweise eines absolutistischen Hofes aus, die dann späterhin nur noch ihre Verfeinerung und Perfektionierung erfuhren.

Höflingsideal

Das Höflingsideal, das sich während des Mittelalters langsam entwickelt hatte, erhielt 1528 durch Baldassare Castigliones »Il Cortegiano« (Der Hofmann) seine definitorische Form. Er skizzierte den politischen Idealtyp eines adligen Hofmannes und wies an, wie er seine Talente zu schulen habe, um eine erfolgreiche Karriere in den Diensten seines Fürsten machen zu können. Damit lieferte Castiglione – faktisch in Ergänzung zu Niccolo Macchiavellis »Il principe« (Der Fürst) – einen Leitfaden, wie sich die Aristokratie und die Fürsten zu organisieren hatten, sowie zugleich ein Erziehungsbuch, das viele Nachahmer fand. Inwieweit diese Schrift der höfischen Gesellschaft der henrizianischen Zeit bekannt war beziehungsweise man bereit war, sich an die Vorschriften zu halten, läßt sich nur schwer ergründen. Aber ob nun mit oder ohne schriftliche Vorgabe: Die Etikette spielte zunehmend eine bedeutende Rolle. In ihr – die keiner Begründung aus irgendeinem Nutzen bedurfte – stellte sich der höfische Kreis »für sich selber dar, jeder einzelne abgehoben von jedem anderen, alle zusammen sich abhebend gegenüber den Nichtzugehörigen und so jeder einzelne und alle zusammen ihr Dasein als Selbstwert bewahrend«, wie ein Kenner dieser Materie, Elias, urteilt.[23] Da jeder vom anderen und alle vom König abhingen, konnte es schon zur Existenzbedingung, wenigstens aber zur die Entscheidung über eigenes Wohlergehen beeinflussenden Notwendigkeit werden, Distanz und Nährung im Verhalten zu allen übrigen entsprechend dem eigenen Stand und Kurswert aufs genaueste zu dosieren. Die Kunst der Menschenbeobachtung und Menschenbehandlung erwies sich als geradezu lebenswichtig für das höfische Dasein. Wer seine Affekte nicht zugunsten einer genau berechneten und durchnuancierten Haltung zu bändigen wußte, hatte kaum eine Chance. Vor allem nicht bei einem Herrscher vom Schlage Heinrichs VIII., dessen eigene Gefühlsspanne von melancholisch bis cholerisch reichte und der sich – mit Ausnahme in jungen Jahren – selten bereit zeigte, seinen wechselnden Emotionen Zwang anzutun.

Hinsichtlich der höfischen Funktionen ließen sich zwei grundsätzlich verschiedene Gruppen unterscheiden. Den Trägern der Hofverwaltung – vom Hofmeister über Stallknechte und Küchenjungen bis hin zur Wäscherin – oblag die technische Abwicklung des täglichen Hoflebens, während die Inhaber der »Ehrendienste« – zum Beispiel Kammerherren, Truchsesse, Jagdjunker, Pagen – für die persönliche Bedienung des Herrschers zu sorgen hatten. Letztere Gruppe zeichnete in erster Linie für das Wachstum des Hofes im Verlaufe der Entwicklung verantwortlich, wie Hofkalender (die die jeweilige Aufstellung gaben) belegen. Hinzu kam das »Unterhaltungspersonal«, wie Komödianten, Mohren, Kastraten, Maler, Theaterarchitekten, das ebenfalls überproportional gedieh.

Aus dieser Gruppe nahm unter König Heinrich VIII. der Narr Will Somers eine besonders exponierte Stellung ein, da Heinrich eine große Schwäche für den verwachsenen kleinen, höchst intelligenten und furchtlosen Mann zeigte, der seinen König gewöhnlich mit dem vertrauten »Harry« ansprach. Narren gehörten schon seit Jahrhunderten zur Ausstattung der Höfe. Sie waren zumeist nicht auf den Mund gefallen und verstanden es, ein harmloses Wort oder Ereignis im Handumdrehen anzüglich zu pointieren. Der Posten eines Hofnarren hatte durchaus auch gefährliche Seiten. Wagte er sich zu weit vor oder hatte sein Herr unverbesserlich schlechte Laune, konnte es schon einmal Prügel setzen. In der Regel handelte es sich bei den Narren um den Fürsten und Königen zum Mund redende Kreaturen, manchmal auch um die Inkarnation von Gemeinheit in Wort und Tat. Es gab aber auch sol-

Hierarchie

Höfische Etikette

Psychologie bei Hofe

Hofnarr Will Somers

I Russell Lᵈ Privy Seale.

with one Ey[e]

Im Dienst des Herrschers:
John Russell, Erster Earl von Bedford, Großsiegelbewahrer.
Zeichnung von Hans Holbein d. J., um 1540.
Royal Library, London

che, die ihrem Herrn – wie auch immer verpackt – Wahrheiten zu sagen pflegten, wobei sie nicht, wie eigentlich üblich, lediglich auf ihren Vorteil bedacht waren. Zu jenen zählte der Lieblingsnarr von König Heinrich. 1525 war er als Diener von Richard Fermour, einem Kaufmann aus Calais, dem König in Greenwich vorgestellt worden. Somers beeindruckte Heinrich mit seiner neckisch-ernsten Art dermaßen, daß er diesen Mann, der physisch faktisch das Gegenteil von Heinrich selbst war – klein, dürr, gebeugt und etwas bucklig – als Narr bei sich behielt und sich eine kuriose Freundschaft zwischen ihnen zu entwickeln begann. Minister traten ab, Frauen wechselten, Palastbeamte fielen in Ungnade, doch Somers blieb, sicher auch auf Grund seines klugen Grundsatzes, sich niemals in den Parteienstreit bei Hofe hineinziehen zu lassen.

Will stand de facto außerhalb der Hofhierarchie, wiewohl er eigentlich dem Lord Chamberlain (Oberkammerherr) unterstand, wie alle rund 170 Diener, die dem König in seinen privaten

Diener
»above stairs«

Unentbehrlich bei höfischen Festgelagen:

Tranchierbesteck, bestehend aus neun Teilen, kunstvoll hergestellt aus Eisen,
Holz und Elfenbein, geätzt, graviert, vergoldet, kupfertauschiert, Frankreich, 1. Hälfte 16. Jahrhundert.
Historisches Museum, Staatliche Kunstsammlungen Dresden

Räumen und anderen königlichen Appartements »above stairs« (oberhalb der Treppe) zur Verfügung standen. Dazu zählten die Herren des Schlafzimmers ebenso wie die Türsteher, Zwerge, Boten und Pagen, Ärzte, Barbiere, Musiker und das Tischpersonal. Zu letzterem ge-

hörte eine ganze Gruppe von Bediensteten, zumeist adliger Herkunft.

Einer der bedeutendsten war der »Trancierer« oder »Fürschneider«. Er zerteilte die Fleischspeisen – manchmal ganze Ochsen oder Schweine – kunstvoll am Tische und portionierte sie, wobei die besten Stücke natürlich dem König und nach ihm den angesehensten Gästen an der Tafel zugeteilt und gereicht wurden, gemeinhin mit dem Presentoire, einem langen und breiten gezahnten Messer, dessen Spitze abgerundet war. Das Tranchieren galt als Kunst und war ein Schauspiel nach festgelegten Regeln. Daran schloß sich die verantwortungsvolle Tätigkeit des Vorkostens an, ein »Ehrendienst«, der in der Regel von einem Vertreter königlichen oder fürstlichen Geblüts geleistet wurde. Entweder kostete er selbst oder aber er berührte mit »giftanzeigenden« Substanzen wie Schlangenzungen, Einhornstäbchen oder Krötenstein die aufgetragenen Gerichte. Dabei dienten Natterzungen (in Wirklichkeit Haifischzähne) speziell den Salzproben, Einhorn wurde die Eigenschaft, Blut zu schwitzen, nachgesagt und Krötenstein, daß er die Farbe wechseln sollte, sobald man mit ihm vergiftete Speisen berührte. Für den königlichen Gebrauch bestimmte Eßgeräte und Gewürze wurden in einem besonderen verschließbaren Behälter aufbewahrt.

Giftprobe

Noch vor dem Für- und Vorschneider rangierten in der Regel die »Panetiers« und der Mundschenk, weil ihr Amt Brot und Wein betraf, heilige Dinge, die »von der Würde des Sacraments verklärt werden«, wie der Höfling Oliver de la Marche in seinem Buch »Die Ordnung im Haus« erläuterte.[24]

Den »unteren Stab« befehligte der »Lord Steward« (Oberhofmeister), der sich um die Versorgung der körperlichen und seelischen Bedürfnisse des Königs kümmerte. Er dirigierte mit Hilfe des Schatzmeisters, Vizeschatzmeisters und Rechnungsprüfers insgesamt 25 getrennte Departements: von der Speisekammer und dem Backhaus, dem Keller und der Saucenküche, dem Gewürzhaus, der Oblatenbäckerei, der Konditorei bis hin zur Spülküche, der Wäsche-

Lord Steward

rei, dem Hühnerstall, dem Holzhof und anderes – insgesamt etwa 200 Leute, das heißt, daß er in Friedenszeiten mehr Ausgaben kontrollierte als sonst irgend jemand bei Hofe. Von Zeit zu Zeit fand er sich zu einem Treffen mit dem Schatzmeister, dem Haushaltskontrolleur und anderen Beamten im Zahlhaus ein: Hier saß der erhabene Rat um einen mit grünem Tuch bespannten Tisch, um Rechnungen zu kontrollieren, Versorgungslisten abzustimmen oder große Menüs zu planen.

Wenn der König in Greenwich weilte, wurde der Palast zu einem Grandhotel, wo Mahlzeiten für rund 1.000 Personen, bei besonderen Anlässen, wie zum Beispiel bei einem Botschafterempfang, weit darüber, versorgt werden mußten. Besonders in solchen Zeiten wurde der Küche des Hofes ein enormes Arbeitspensum abverlangt. Kaum verwunderlich, daß unter solchen Voraussetzungen der Koch der Palastküche eine Sonderstellung einnahm. Er war König in seinem Reich, wo sich eine ähnliche Hierarchie entwickelte wie in den oberen Etagen. In dem großen Gewölbe, das mehreren mächtigen Herdstellen Platz bot, saß der Koch in einem Sessel, etwas erhöht, so daß er den ganzen Raum überblicken konnte. Seine Autorität galt als unumstritten. Er war es, der mit einem großen hölzernen Löffel die Saucen abschmeckte, den Bratenmeister anwies, wann der Hirsch auf den Bratspieß zu schieben war, der die Keramik-, Bronze- oder Messingtöpfe auf absolute Sauberkeit kontrollierte und die Küchenjungen traktierte: ein Souverän in seinem Revier. Er bekam zuweilen sogar Gelegenheit, den König persönlich zu bedienen. Dann nämlich, wenn der erste frische Hering der Saison oder die ersten zarten Trüffel aufgetischt wurden, erschien der Koch in eigener Person mit einer Fackel in der Hand im Saal und legte seinem Herrn die Speise vor. Die Palastkü-

Ein kleiner Souverän

chen – in Hampton Court zum Beispiel heute noch zu besichtigen – waren damals bereits mit bemerkenswerten Hilfsmitteln ausgestattet. Es existierten beeindruckende Vorrichtungen mit Kettengetrieben, um das Wenden ganzer Ochsen über dem Rost bewerkstelligen zu können. Handlichere Braten bewegte man zumeist mit einer Kurbel, die sich an einem, häufig auch an beiden Enden des Bratspießes befand. Mit Hilfe kleiner Krane wurden die größeren und großen Braten über das Holzfeuer gehoben. Der Weinkeller befand sich in der Regel neben der Küche. Er soll auch Fässern von Malvasier aus Madeira, Rotwein aus Bordeaux und anderen Köstlichkeiten Raum geboten haben.

Die Palastküche

Der dritte große Staatsbeamte war der Master of the House (Stallmeister), der etwa 60 Leute unter sich hatte, die sich um die Pferde und deren Geschirr sowie um den gesamten Wagenpark kümmern mußten. In den königlichen Hundezwingern sahen zehn Diener nach den verschiedenen Hunderudeln, von denen wohl die Wind-, Jagd- und Hetzhunde die begehrtesten waren.

So hatte der König auf seiner Lohnliste etwa 500 Leute. Hinzu kamen die 147 Bediensteten, die allein der Königin zur Verfügung standen, und die 300 Mann starke königliche Garde.

Bereits unter dem Vater Heinrichs VIII. wurde das unter Eduard IV. von York nach dem Vorbild Burgunds erneuerte Hofzeremoniell weiter ausgebaut. Er war es auch, der, sich an dem erlesenen »Corps« des Königs von Frankreich orientierend, eine Leibwache, bekannt als »Gentlemen Pensioniers«, einsetzte. In roter Livrée und mit flachen schwarzen Mützen beleben sie mit ihren Hellebarden noch heute die Staatsakte in England.

»Gentlemen Pensioniers«

Zu der Herrschaftszeit Heinrichs VIII. versuchte sich Wolsey mit seinen Eltham-Verordnungen vom Januar 1526 an Reformen zur Ratio-

Rationalisierung des Hofdienstes

nalisierung des Hofdienstes. Er wurde dabei unterstützt vom Controller (Aufseher, Rechnungsprüfer) Sir Henry Guildford, um die aufgeblähte Dienerschaft – denn nicht nur die königlichen Diener, sondern auch die Diener der Diener wohnten und aßen bei Hofe – zu reduzieren. Guildford ließ die Zahl der Kammerherren von 112 auf zwölf, die der Näher von 45 auf sechs und die der Kammerdiener von 69 auf 15 schrumpfen. Der Personalstab in den königlichen Privatgemächern überstieg nie 15 Leute, wobei auf Qualität geachtet wurde, vor allem hinsichtlich sprachlicher Fähigkeiten – häufig wurden diplomatische Aufgaben Heinrich nahestehenden Kammerherren übertragen – als auch körperlicher Fitneß, auf die Heinrich vor allem in jungen Jahren großen Wert legte. Dieser auserlesene Stab wurde angeführt vom Marquis von Exeter, Heinrich Courtenay, der 1511 das Herzogtum (Devon) seines Vaters übernommen und Buckinghams Platz als Ritter des Hosenbandordens besetzt hatte. Diesem 1498 geborenen Cousin des Königs – seit seiner Kindheit in dessen Nähe – unterstanden sechs Kammerherren (Sir William Taylor, Sir Thomas Cheyney, Sir Anthony Browne, Sir John Russell, Henry Norris und William Carey), zwei Türsteher und vier Kammerdiener sowie der Barbier Penny und der Page Francis Weston. Sie durften sich weder über das Tun und Lassen ihres Herrn wundern, noch über dessen Zeitvertreib, Gewohnheiten, Bekanntschaften, sein »frühes oder spätes Zu-Bett-gehen oder anderes, was seine Gnaden zu tun beliebte« plaudern, oder sie zogen sich sein Mißfallen zu. Der jeweils diensttuende Kammerherr verbrachte die Nacht auf einer Pritsche in den Gemächern des Königs, um am Morgen bereit zu sein, ihn anzukleiden. Aber von den sechs Kammerherren war es nur Norris gestattet, den König in seinem Schlafgemach zu bedienen.

Diskretion

70

Aus Töpfen und Pfannen:
Mittelalterliche Küche.
Holzschnitt aus: Marx Rumpolt, Ein new Kochbuch, 1581

Die Türsteher traten morgens um 7.00 Uhr ihren Dienst an, und die Kammerdiener kamen dann, um die Gemächer zu kehren, frisches Stroh auszubreiten und das Feuer zu schüren und zu hüten. Jeden Morgen wurden das königliche Wams, die Strümpfe und die Schuhe – so nicht das Amtskleid – vom königlichen Gewandmeister zur Kammertür gebracht und einem Diener übergeben, der die Kleidungsstücke am Feuer wärmte und dann dem Kammerherrn überließ. Keiner der Diener oder Türsteher durfte sich erlauben, den königlichen Körper zu berühren oder sich in das Ankleidezeremoniell einzumischen. Penny, der Barbier, hatte jeden Morgen mit Wasser, Handtuch, Klinge, Kämmen und Schere bereitzustehen, um Heinrichs Bart und dessen Frisur in die richtige Fasson zu bringen.

In die von Wolsey eingeleiteten Sparmaßnahmen fielen auch die Versuche, Unterschlagungen zu unterbinden und hinsichtlich Brennstoff und Beleuchtung ökonomischer zu wirtschaften. So wurden morgens um 9.00 Uhr die Reste aller Kerzen und Fackeln eingesammelt, um sie wiederzuverwenden, anstatt sie wegzuwerfen beziehungsweise langen Fingern zu überlassen. Gesonderte Menüs für die verschiedenen Ränge der höfischen Gesellschaft wurden konzipiert sowie detaillierte Instruktionen, wer wieviele Pferde zugeteilt bekam. Einem Kardinal billigte man 24 Pferde zu, wenn er an den Hof geladen wurde, wogegen sich ein Herzog mit 18 begnügen mußte! Guildford kam ob solcher und anderer Beschneidungen der höfischen Extravaganzen bald in Konflikt mit Lady Anna Bolcyn, die ihm sogar mit Absetzung drohte, sobald sie das Sagen hätte. Doch Heinrich wußte, was er an seinem Controller hatte, und ließ nichts an ihn herankommen.

Am Morgen

Sparprogramm

71

Trotz allem gingen Wolseys Reformen nicht weit genug, um tatsächlich Ordnung in den königlichen Haushalt zu bringen. Schon die Tatsache, daß sich die Chefs desselben (Steward, Treasurer und Controler) meist nur einmal im Jahr am berühmt gewordenen grünen Tisch trafen, zeugt davon, wie weit das Regime der Finanz- und anderen Verwaltungsfragen noch in den Anfängen steckte.

Dreizehn Jahre später griff Cromwell Wolseys Pläne wieder auf und reformierte die gesamte Administrationsstruktur, was so weitreichende Folgen hatte für die Entwicklung einer nationalen Monarchie, daß Geoffrey Elton mit einigem Recht von einer »Revolution in Government« (Revolution der Verwaltung, der Regierung) spricht.[25]

»Revolution in Government«

Cromwell beseitigte die rivalisierende Herrschaft von Lord Chamberlain und Lord Steward, von Königs- und Königinnenhaushalt durch die Schaffung eines neuen Amtes, das des Lord Great Master of the Household (Königlicher Oberhaushofmeister). Es wurde durchgesetzt, daß dieser jeden Morgen um 8.00 Uhr mit den Beamten des grünen Tisches zusammenzusitzen, zu beraten, zu rechnen, zu kontrollieren und zu instruieren hatte. Ordnung zog ein bis hin in die Verwaltung der Privatgemächer. Keine fremden Esser wurden geduldet, Diebstahl geahndet, der Speiseplan (für 10.00 Uhr und 16.00 Uhr) genau festgelegt. Die Pflichten eines jeden, oft sogar mit Zeitplan, waren nachzulesen, so daß der Dienst bei Hofe durch Cromwells Ordonnanzen ebenso auf eine neue Stufe gehoben wurde wie die Tätigkeit der Minister und Beamten, die sich mehr und mehr als Diener der Nation verstanden. Sie sorgten dafür, daß die Abteilungen unabhängig von der Intervention des Souveräns funktionierten und ein System von Beamten entstand, die als politische Köpfe speziellen Abtei-

Dienstplan

Schon fast ein Kabinett

lungen vorstanden, wo sie wie Kabinettsminister einer späteren Zeit agierten. Durch Cromwell wurde ein von Wolsey vorbereiteter Organismus von einem mittelalterlichen System in eine administrative Maschine, dem modernen nationalen Staat angepaßt, umgestaltet.[26]

Funktion und Fähigkeit konnte und mußte das gesamte Hofpersonal immer dann unter Beweis stellen, wenn Feste und Feiern angesagt waren, und davon gab es seit der Inthronisierung Heinrichs VIII. mehr, als das Staatssäckel verkraften konnte.

Die Krönungsfeierlichkeiten Heinrichs, denen Katharina von Aragon schon als seine Gemahlin beiwohnen konnte (knapp 14 Tage zuvor, am 11. Juni 1509, hatte die Trauung in aller Stille in der Kapelle der Observanten Franziskaner stattgefunden), sollten ein erster gesellschaftlicher Höhepunkt am Hofe werden. Solange Heinrich VII. gelebt hatte, war Beschränkung angesagt gewesen. Nun wollte sich der neue König gönnen, was ihm zustand, dem »ersten Fürsten der ganzen Welt«. Nach der Kirche der größte Grundbesitzer Englands, gehörte Heinrich eine Unmenge von Gutshöfen, Wäldern, Flüssen und Mühlen, Fischereien, Häfen und Märkten, Städten und Palästen. Was sie trugen und bargen an Vielfalt und Reichtum, offenbarte sich am Vorabend des Johannestages, dem die Krönungszeremonie vorbehalten war, und an den nachfolgenden tagelangen Festlichkeiten anläßlich der Krönung und der Hochzeit des Königs und seiner ersten Gattin.

Eine Erweiterung der bereits von Heinrichs Vater erlassenen Amnestie auf alle Vergehen, außer Mord und Hochverrat, sowie die Verhaftung der verhaßten Richter Dudley und Empson am Morgen der Thronbesteigung Heinrichs VIII. hatten bereits die Begeisterung vor allem der Londoner für diesen glänzenden Potentaten zu-

Krönungs- und Hochzeitsfeierlichkeiten

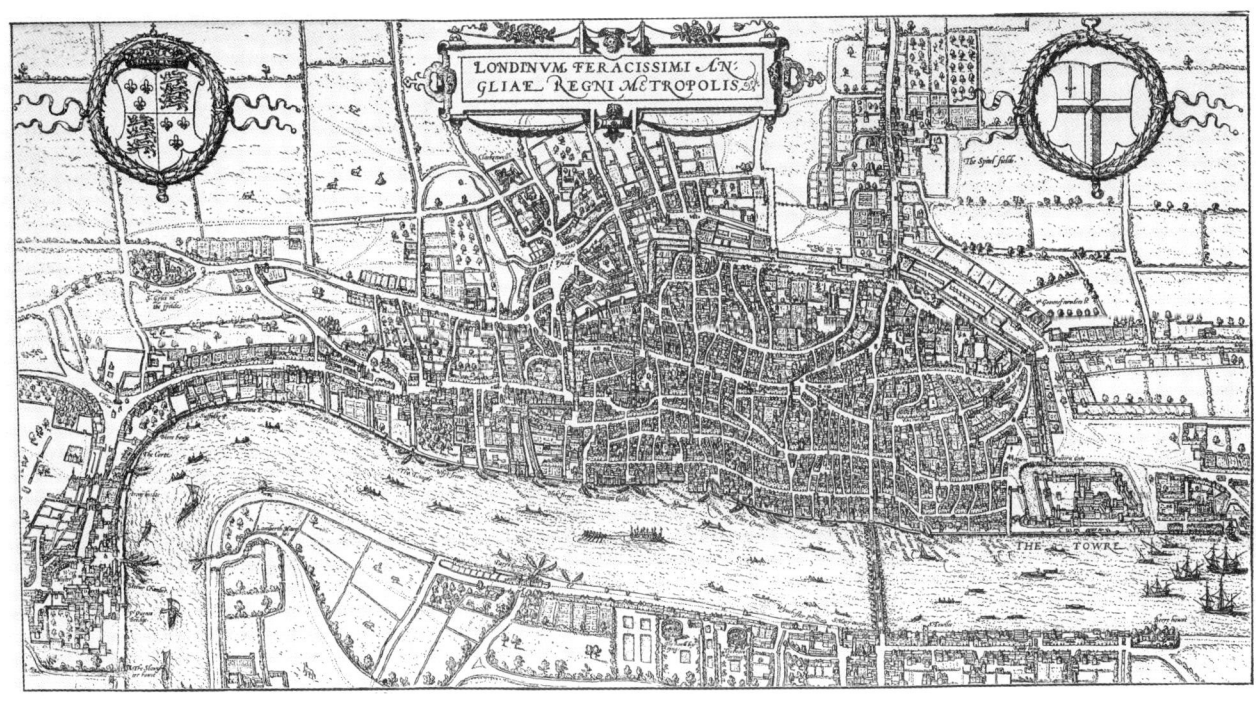

Auf dem Weg zur Weltstadt:
Der Plan der Stadt London zeigt die Größe, aber auch die Enge des Straßennetzes.
Kupferstich, 1575

sätzlich angefacht. Nun jubelten sie dem Festzug von nie gesehener Prachtentfaltung entgegen, der sich vom Tower nach Westminster durch die Straßen Londons bewegte, die mit Goldbrokat geschmückt waren. Heinrich, sehr groß, sehr blond und ausgezeichnet proportioniert, saß in vollem Staat zu Pferde. Sein Gewand war das prächtigste der mit Juwelen verzierten und kunstvoll geschneiderten Kleider, die der Hof trug: von seinen Schultern fiel eine Robe aus karmesinrotem Samt herab, die mit weißem Hermelin besetzt war. Sein Rock bestand aus getriebenem Golde, sein Brustpanzer erglänzte von Rubinen, großen Perlen, Smaragden und Diaman-

Zug nach Westminster

ten, worüber ein weiter, mit Goldfäden durchwirkter Mantel aus kostbarer Seide fiel. Katharina, zum Zeichen ihrer Jungfräulichkeit in glänzende weiße Seide gekleidet und die blonden Haare offen bis zu den Hüften herabfallend, »schön und wohlgefällig anzusehen«, wurde in einer prächtigen goldenen Sänfte zur Abtei von Westminster getragen. »Neun Kinder in blauem Samt stellten, auf hohen Zeltern sprengend, Heinrichs Besitzungen dar – England, Cornwall, Wales, Irland, Gascogne, Guyenne, die Normandie, Anjou und Frankreich. Es war ein Zug, der das Auge füllte, ein Anblick aus dem Märchen. «[27]

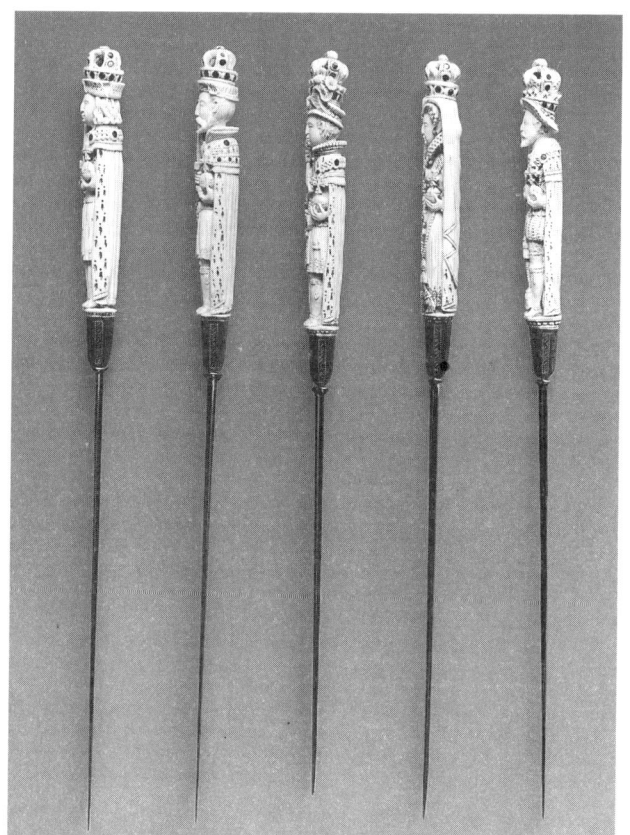
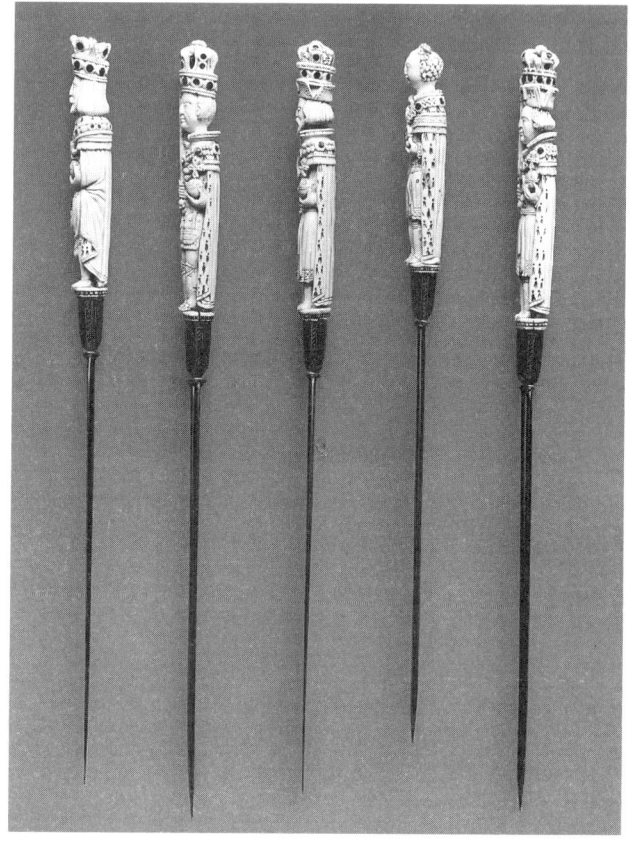

Traditionspflege:
Tafelmesser mit elfenbeinernen Griffen, die königliche Figuren darstellen,
unter anderem Heinrich VII., Heinrich VIII. und Elisabeth I. Um 1607 hergestellt.
Victoria und Albert Museum, London

Warham, Kanzler und Erzbischhof von Canterbury, trug den Salblöffel, um auf Heinrichs Haupt das heilige Öl zu gießen und dann die Krone zu setzen. Eine ständige Krönungskrone wie etwa im Reich oder in Ungarn hat es in England nie gegeben. Während Eduard die übliche Lilienkrone und Heinrich VII. die Bügelkrone bevorzugten – wobei seit der normannischen Eroberung jeweils zwei Kronen beim eigentlichen

Englische Kronen

Krönungsakt Sitte wurden: die schwere Krönungskrone und danach die leichtere, später »State Crown« genannte –, fanden bei der Krönung Heinrichs VIII. sogar drei Kronen Verwendung: Die Staatskrone wurde dann noch einmal gegen eine leichtere Hauskrone ausgetauscht.

Selbst der Himmel schien dem Zeremoniell und dem Königspaar gewogen und fruchtbare Zeiten zu versprechen. In einem Epigramm des

»hochberühmten und gelehrten englischen Bürgers« Thomas Morus über einen plötzlichen Regenguß während des Krönungszuges heißt es: »Als der König und sein Gemahl zum Empfang der Kronen auszogen in einem Festzug, so schön, wie wohl keiner noch war, da strahlte Phöbus, und es war heiterer Himmel, so wie das Herz allem Volke voll Heiterkeit war. Doch als der Zug also zur Mitte der Stadt schon gekommen, ward seine ganze Pracht vom Himmelswasser genätzt. Dennoch hat keine Wolke der Sonne ihr Leuchten entzogen, und nach ganz kurzer Zeit war auch der Schauer vorbei. Das war willkommene Erfrischung. Wer aber den Vorgang sieht als ein Vorzeichen an, könnt' sich kein beßres ersehnen. Denn unserem Königspaar verheißen gesegnete Zeiten Phöbus' goldenes Licht und Junos fruchtspendendes Naß.«[28]

Der Himmel verheißt Segen

Die prächtigen Feierlichkeiten nach der eigentlichen Zeremonie stellten alles bisher Gesehene in den Schatten. Sie atmeten sowohl althergebrachte Ritterlichkeit als auch den neuen Trend zu Prunk und Völlerei. So ritt der Champion des Königs, dem eigenen Herold voran, auf dem Streitroß in vollen Waffen in die Halle, um jeden zum Zweikampf aufzufordern, der Heinrich VIII. nicht als wahren Erben des Reiches anzuerkennen bereit war. Das Hochzeitsmahl, »großartiger als es je der Cäsar erlebt hatte«, wurde eröffnet mit einem feierlichen Aufzug zu Pferd: Der Herzog von Buckingham und der königliche Oberhofmeister geleiteten hoch zu Roß die (exotische Gerichte tragende) Dienerschaft in den Bankettsaal.

Ritterlichkeit und Pracht

Diese Vermählungstafel geriet zum Maßstab königlichen Dinierens. Fürderhin wurden auf Festmählern bis zu 100 Gängen üblich: Wildbretpasteten in Gestalt von Elefanten und Ebern, Tauben- und Rebhuhnpasteten in Form von Schwänen und Pfauen; Burgen aus Süßspeise,

Tafelfreuden

umgeben von kleinen Gräben, in denen Wein floß. Es gab wohl nichts, was nicht als Tafeldekoration gezeigt worden wäre, wobei Zuckerguß, Zuckerteig und Marzipan anstelle von Weißbrotmasse und Erbsenbrei bei der Fabrizierung des Tafelschmuckes zunehmend favorisiert wurden.

Teller, in der uns vertrauten Form, kamen erst im Verlaufe des 16. Jahrhunderts auf. Zumeist runde, manchmal auch viereckige Platten aus Holz, seltener aus Zinn, dienten als Unterlage für eine dicke Scheibe Brot. Hierauf legte man das Fleisch, dessen Flüssigkeit vom Brot aufgesogen wurde. Die Gäste saßen paarweise am Tisch, sich aus der gemeinsamen Schüssel, die zwischen ihnen stand, bedienend. Es konnte also nicht ganz gleichgültig sein, ob der Nachbar saubere Finger hatte oder nicht. Kunstvoll gefaltete Tischtücher bedeckten mehrlagig den Tisch und reichten gewöhnlich bis auf den Boden, auf dem wohlriechendes Laubwerk ausgebreitet war. Das bekleckste und beschmutzte Tischtuch wurde nach dem jeweiligen Gang abgenommen. Auf die sich darunter befindliche saubere Tischdecke stellte man dann die Gerichte der nächsten Speisenfolge. Häufig dienten die Tafeltücher den Schmausenden gleichzeitig zum Reinigen und Abtrocknen der Hände.

Zwei aus einer Schüssel

Einer französischen Sitte folgend, lagen manchmal auch Servietten bereit. Diese waren um so notwendiger, als neben dem kurzstieligen Löffel (für die Suppe) und dem Messer (zum Aufspießen der Fleischstücke) nach wie vor die »von Gott selbst geschaffene Fünf-Finger-Gabel« als wichtigstes Eßwerkzeug diente. (Vornehme benutzten nur drei Finger.) Während man in Italien in höheren Kreisen schon wie selbstverständlich mit der Gabel aß, war sie in England noch geradezu verpönt. So verspottete man den angesehenen Reisenden Coryate, der diese ungewöhn-

Eßwerkzeuge

liche Sitte aus Italien mitgebracht hatte, als »furcifer«, als Gabelschwinger. In einem Chanson des Marquis de Caulonges, entstanden zwischen 1640 und 1680, heißt es:

»Ehemals aß man aus der gemeinsamen Platte
und tauchte Brot und Finger in die Soße.
Heute ißt jeder mit Löffel und Gabel von
seinem eigenen Teller, und ein Lakai
wäscht das Besteck von Zeit
zu Zeit am Büffett. «[29]

Häufig brachten die feinen Damen und Herren ihre eigenen Löffel und Messer mit, da es sich meistens um Einzelstücke aus der Werkstatt der Gold- und Silberschmiede handelte, wo edle Metalle, Kristall oder Koralle als Materialien dienten. Solch kostbares Besteck wurde in Futteralen am Gürtel getragen, die ebenso anspruchsvoll wie das Besteck selbst von Meisterhand gefertigt waren.

Es war üblich, die Speisenfolge eines Festgelages für die Gäste öffentlich durch den Herold, den Haushofmeister oder manchmal auch durch den Küchenmeister ausrufen zu lassen. Jeder Gang bestand aus einer ganzen Reihe verschiedener Gerichte, und jeder Gast wählte aus dem Angebot unterschiedlichster Einzelgerichte aus. Eine Aufzählung der »Gänge« wäre endlos und unergiebig, »da sie sich in ihrem Muster der Haufen von Fleisch jeglicher Art, eines Durcheinanders von Süßem und Salzigem, alle entsprachen: überladene Platten mit gebratenen Feigenfressern, Wachteln und Tauben, Pasteten... Rebhühner, gekochte Hähne und Hühner in ihrem vollem Federkleid – aufgerichtet auf ihren Beinen –, gesottene Kapaune, Marzipanaschkuchen, Wachtelpasteten, Fasane, Pasteten von jungen Ziegen, wieder Fasane, gekochtes, mit Senf serviertes Kalbfleisch, gezuckerte, mit

Speisenfolge

Pudding und Pumpes

Goldstaub bestreute Kapaune, Geißen in grüner Sauce, Blanc-Manger, ein Adler, der ein Kaninchen in den Klauen hält und in einem Jasminbeet thront, Fässer, aus denen Vögel herausschwärmen, schließlich ein viergehörnter Widder, der gekocht, mit seinem Fell bekleidet, in einem goldenen Becken steht und zu leben scheint. «[30]

Der Autor dieser Zeilen konstatiert den völligen Mangel an Phantasie bezüglich Anordnung, Abfolge und Geist der Bankette, wie sie »schon ein Jahrhundert früher die Festmähler nördlich der Alpen geprägt hatten«. Die Dosierung von fleischlichen und pflanzlich erfrischenden Elementen in raffinierter Zusammenstellung traf man noch selten. Das römische Festbankett mit seinem ungeordneten Überfluß und überladenen Gemengsel war eher die Regel. Hinzu kam die Sitte des übermäßigen Würzens mit dem Ziel, den Eigengeschmack der Speisen zu überdecken. Dies galt als besonders vornehm, während wir heute die Eigennote des Gerichts zu veredeln und zu verfeinern trachten. Erst seit der 1. Hälfte des 16. Jahrhunderts begann man, sich allmählich von den Gewohnheiten der mittelalterlichen Küche zu lösen. Neue Gewürze und Gemüse, vor allem aus der Neuen Welt, wie Mais und Tomaten, bereicherten und verbesserten das Angebot. Das überreichliche Würzen war allerdings auch den mangelhaften Techniken des Haltbarmachens geschuldet. Um den Nebengeschmack – sei er dem starken Pökeln oder dem Gebrauch nicht mehr ganz frischen Fleisches geschuldet – zu überdecken, saß die würzende Hand des Kochs locker.

Typisch englische Gerichte aus dieser Zeit sind wenige überliefert. Der berühmte englische Plumpudding, ein »gekochter Pudding«, den die Hausfrau in einem Tuch wie ein Teebeutelchen an eine Schnur am Topfhenkel befestigt, so daß sie ihn, wenn er gar ist, herausnehmen kann, be-

Manie des Würzens

stand im 16. Jahrhundert noch aus einer Pflaumengrütze aus Fleischbrühe, Obstsaft, geriebenem Brot und Muskatblüte. Erst zu Beginn des 18. Jahrhunderts festigte man die Grütze zum Pudding, und es entstand der typische englische Weinachtspudding. Ein anderes typisch englisches Gericht, genannt pumpes (Fleischklöße in einer Soße) ist folgendermaßen überliefert beschrieben: »Man nehme und koche ein gutes Stück Schweinefleisch, und es sei nicht zu mager und recht zart. Dann hacke man es so klein auf, wie es beliebt, setze Gewürznelken und Muskatblüte zu und hacke weiter, und auch Korinthen hacke man darunter. Dann nehme man es und forme kleine runde Kügelchen daraus, etwa 5 cm groß und lege diese für sich in eine Schüssel, dann bereite man eine gute Mandelmilch, mische Reismehl darein und lasse sie gut kochen, aber man sehe darauf, daß sie recht dünnflüssig bleibe. Sodann tut man auf der Anrichte 5 der pumpes in eine Schüssel und gieße die Suppe darüber. Und so man will, lege man auf jeden Kloß eine Blume und darüber streue man reichlich Zucker und Muskatblüte und trägt es so auf. Manche machen aber die Kügelchen aus Kalb- oder Rindfleisch, doch am angenehmsten ist Fleisch vom Schwein.«[31]

Fleischgerichte

Das Schwein, im Stall oder Wald gemästet, war zu dieser Zeit immer noch das verbreitetste Schlachtvieh. Es wurde – vor allem von der breiten Masse des Volkes – zumeist geräuchert in der Küche verarbeitet. Bei Gastmählern am Hofe galt »Schweinskopf sowie das Fleisch des Ferkels« als besonderer Leckerbissen. (Der Schweinskopf ist durch die Jahrhunderte wichtiger Bestandteil des Weihnachtsschmauses in England geblieben.) Daneben kamen Ochsen-, Schaf-, Rind- und Kalbfleisch, auch Ziege, Zicklein und Hasen, Rebhuhn-, Regenpfeifer-, Truthahn-, Fasanenbraten und anderes Geflügel

auf den Tisch. Hecht, Hering, Lachs, Neunauge und Stör waren die beliebtesten Fischarten auf der königlichen Tafel, vor allem natürlich auch zu Fasttagen in Klöstern. An Obst wurden Äpfel, Birnen, Kirschen, Pflaumen, Pfirsiche (seit dem 15. Jahrhundert), Aprikosen (seit dem 16. Jahrhundert) und gebackene Quitten gereicht, aber auch eingeführte Südfrüchte wie Kastanien, Weinbeeren, Feigen, Datteln oder Maulbeeren erfreuten sich bei Tisch allgemeiner Beliebtheit.

Würziges Bier und Wein

Da Met in England schon relativ früh an Bedeutung verloren hatte, wurde mehr Bier, das bis tief ins 15. Jahrhundert hinein hier in der Regel noch ausschließlich von Frauen gebraut wurde, getrunken. Um den Geschmack des Bieres zu verbessern, griffen sie zu Gewürzen. Eine Sammlung von Bierrezepten aus dem 15. Jahrhundert gibt unter anderem folgende Würzmittel an: Dost (Origanon vulgare L.), Waldmeister, Salbei, Lavendel, Schlehen, Wermut und Hobelspäne aus trockenem Tannenholz.

Aber auch der Wein, ab dem 14./15. Jahrhundert in größeren Mengen aus Frankreich und anderen Ländern eingeführt, erfreute sich zunehmender Beliebtheit. Tee dagegen war noch Ende des 17. Jahrhundert eine Rarität. Die Vielfalt an Getränken wurde bereichert durch Branntwein und Liköre aus Italien oder durch Punsch und Bowle, die angeblich aus Persien nach England kamen.

Trinkfestigkeit

In der Renaissancezeit wurde es bei Hofe Mode, sich etliche Zechkumpane zu halten, ähnlich wie Hofnarren oder Zwerge. Allgemeiner Achtung erfreute sich derjenige, der Trinkfestigkeit bewies und in den Wettbewerben seinen Mann stand. Der folgende Spruch des Hofdichters des Kurfürsten Christian II. von Sachsen fand seine Bestätigung wohl an allen europäischen Höfen:

Einheit von Auge und Ohr:

Die vertonte Rose: dekorativer Notenkreis aus einer Motetten- und
Gedichtesammlung von 1516. Aus: Roy 11 E XI, fol. 2 b.
British Library, London

»Ein Soldat, der vor dem Feinde stirbt.
Eine Frau, so im Kindbett verdirbt.
Ein Obermarschall, so sich zu Tode säuft
   und frißt.
Ein jedes an seinem Beruf gestorben ist. «[32]

Für unsere Verhältnisse wurde ungewöhnlich viel, reichhaltig und ausgiebig getafelt. Acht bis zehn Rinder die Woche (Kälber nicht gerechnet), einige Dutzend Schweine, mehr als tausend Stück Geflügel, dazu noch Wild je nach Jagdglück (auch Singvögel) und Fisch aus Fischanlagen und -weihern waren als Wochenration der königlichen Tafel keine Seltenheit. Festgelage zogen sich oft über Stunden und Tage hin. Erleichterung und neuen Raum für weitere Völlerei konnte dann nur eine spätrömische, etwas barbarische Sitte schaffen: Der Mageninhalt wurde mit Hilfe einer Pfauenfeder herausgekitzelt.

An dieser Stelle sei ein Wort gestattet speziell zu den Schriften über Tischsitten und -zuchten. Die darin enthaltenen Ver- und Gebote, oft (für unseren Geschmack) drastisch genug formuliert, verweisen auf die für heutige Begriffe recht ungezwungenen Verhaltensweisen auch bei Hofe. Im Ende des 15. Jahrhunderts entstandenen englischen »Book of Curtesye« (»Curtoisie« war der Begriff für die Verhaltensform, die sich an den Höfen der größeren ritterlichen Feudalherren herausbildete, er wurde im 16./17. Jahrhundert langsam durch den Begriff »Civilité« ersetzt) heißt es ganz ungeschminkt: »Spucke nicht auf oder über den Tisch. Spucke nicht ins Becken, wenn du dir die Hände wäschst.«[33] Daraus wird deutlich, daß das Spucken eine gängige Gewohnheit war, ebenso wie das Kratzen. Angesichts der Tatsache, daß es von Läusen und Flöhen nur so wimmelte, war dies eine (notwendigerweise) generell verbreitete (Un-)Sitte, die in den Anstandsbüchern am häufigsten getadelt wurde. Sofern es unauffällig geschah, ließ man es durchgehen. Verpönt jedoch war, den Finger zum Zwecke des Kratzens an Kopf und Hals aus der gemeinsamen Schüssel zu nehmen und ihn dann wieder hineinzutauchen. War es doch immerhin möglich, daß eine Laus am feuchten Finger kleben blieb und nunmehr die Suppe »verfeinerte«. Also wurde empfohlen, sich mit Hilfe eines Stückes vom eigenen Gewand des Juckreizes zu erwehren.

Ebenso galt es als unschicklich, in der gemeinsamen Schüssel nach den besten Stücken zu fischen oder einen benagten Knochen wieder zurück in die Schüssel zu legen. Man sollte ihn eher auf den mit Binsen oder mit süß duftendem Basilienkraut und Eberraute ausgelegten Boden werfen, auf dem häufig Hunde auf Bissen lauerten.

Gar kein Pardon – darin sind sich alle Manierenbüchlein einig – sollte es in der feinen Gesellschaft für das Fahrenlassen seiner Winde geben. Wenn ein diskreter Rülpser in den meisten Gesellschaften gerade noch statthaft war, so gab es trotz des Lärms bei Gelagen, trotz der würzigen Aromen der Speisen und des weniger angenehmen Geruchs ungewaschener Menschen in den Anstandsregeln diesbezüglich keine Nachsicht. Daß dem jedoch ständig zuwider gehandelt wurde, bezeugen über die Jahrhunderte immer wiederkehrende Mahnungen wie: ». . . auch sollen sie nicht laut lachen, wo es nichts zu lachen gibt, noch ihre Winde fahren lassen. «[34] Angesichts der Tatsache, daß zu jener Zeit viel Bohnen, Kohl und Zwiebeln genossen wurden, ist es jedoch verständlich und den Diätvorschriften der Ärzte von Salerno recht zu geben:

»Schon großes Weh und Leiden sind
   entstanden
Davon, daß Winde keinen Abzug fanden.

Ungeziefer und Juckreiz

Übermaß

Magen- und andere Winde

Tischsitten und -zuchten

Frühlingsweihe:
Monatsbild April: Osterspaziergang. Aus dem Kalendarium des Grimani.
Buchmalerei. Brügge, Werkstatt des Simon Bening, um 1513/15.
Biblioteca di San Marco, Venedig

Krampf, Kolik, Wassersucht, Wirrheit
  im Kopfe zieht
Dort ein, wo hinten keine Luft entflieht!«[35]

Es ist kaum anzunehmen, daß solcherart »unsitt-
liches« Tun dem allgemeinen Spaß an Eß- und
Trinkgelagen größeren Abbruch tat. Tischmusik

während der Mahlzeiten und für angenehme
Düfte sorgende Räucherschalen in den Festräu-
men halfen, lästige Geräusche und Gerüche zu
verbannen und Unmut gar nicht erst aufkommen
zu lassen. Auch wurden sicher die Ge- und Ver-
bote in den Manierenbüchern damals wohl kaum
allzu ernst genommen. Das Leben der höfisch-

Musik und
Düfte

80

ritterlichen Gesellschaft vollzog sich noch ungezwungen. Das Sprechen darüber oder Assoziationen dazu waren noch weniger privatisiert und mit Scham- und Peinlichkeitsgefühlen belegt als später. Daraus erklärt sich auch die ungeschminkte Diktion der Anstandsschriften, wie zum Beispiel »De civilitate morum puerilium« des Erasmus von Rotterdam von 1530.

Unterhaltung in den Verdauungspausen

Problematisch gestaltete sich der Umstand des begrenzten Magenvolumens. Um hier – neben der barbarischen Pfauenfeder – Abhilfe zu schaffen und gleichzeitig Abwechslung in die schier endlosen Festgelage zu bringen, wurden sie durch Darbietungen aller Art unterbrochen. Sänger, Tänzer, Zauberer und Gaukler traten auf. Musik ertönte, Pantomimen, theatralische und symbolbeladene Aufführungen füllten die Pausen. Szenen aus der Mythologie erfreuten sich großer Beliebtheit.

Robin Hood und Frühlingsweihe

Maskeraden und Mummenschanz

Am Hofe Heinrichs VIII. spielten die eleganten Maskeraden eine besondere Rolle. Bereits während der Hochzeitsfeierlichkeiten von Bruder Arthur, an denen Heinrich als Zehnjähriger teilnahm, hatte sich seine Liebe zum Tanz und seine Freude an Mummenschanz und Spielen angedeutet. Ein deutscher Chronist berichtete über seinen Aufenthalt am englischen Hof zu Beginn der Herrschaftszeit Heinrichs VIII.: »Als sie das Gastmahl beendet, bedeutete sie der König, sich in die Gemächer der Königin zu begeben, was sie taten. Daraufhin erschien der König (Heinrich VIII. von England) mit 15 Herren seines Gefolges – alle in deutscher Tracht (als Kompliment für die Gäste) in Wämsen von Scharlach und Purpuratlas mit langgeschlitzten Ärmeln und Beinkleidern derselben Art. Die Kappen waren aus weißem Samt mit gemustertem Goldstoff umrandet, mit Visier und weißen Federn. Die Herren kamen an der Spitze des Maskenzuges und nachdem sie mit der Königin und den Gä-

sten Neckereien gepflogen, entfernten sie sich. Sodann erschienen 6 Musiker reich gekleidet, die auf ihren Instrumenten spielten, und weiter 14 Hofherren in deutscher Tracht aus gelbem Atlas, die Fackeln trugen, ihnen nach 6 Musketiere in weiß und grünen Atlas; der erste dieser Sechs war der König, danach kamen der Graf von Essex, Charles Brandon, Sir Edward Howard, Sir Thomas Knyvet, Sir Henry Guildford. Ihnen entgegen bewegten sich 6 Damen in spanischer Tracht aus scharlachfarbenem Atlas, geschlitzt in verschiedenen Mustern und gefranst nach spanischer Mode. Sie tanzten miteinander, und nachdem sie getanzt, nahmen die Damen den Herren die Masken ab, so daß man alle erkannte, Königin und Gäste priesen die Überraschung.«[36]

Solch Mummenschanz wurde auch an besonderen Feiertagen mit viel Phantasie und enormem Aufwand betrieben. Am Tag der Frühlingsweihe, dem Maitag, den Heinrich besonders liebte und der »seine Seele erfrischte«, verließen früh am Morgen alle »zusammen das Schloß. Sie reiten in den Wald, wo ihnen plötzlich ein wilder Trupp maskierter Männer, wilde Jäger, so scheint es, den Weg versperrt. Deren Sprecher, der wie der sagenhafte Robin Hood gekleidet ist, reitet nahe an Heinrich und Katharina heran und fordert sie auf, ihm in die Tiefe des Waldes zu folgen, damit sie einmal sähen, wie die wilden Jäger lebten. Heinrich wendet sich zu Katharina und fragt, ob sie es wohl wagen wolle, sich mit ihren Damen ins Dickicht des Waldes zu begeben, unter so viele wilde Männer. Wohin Heinrich gehe, so antwortete Katharina, dahin werde auch sie gehen, und die wilden Männer – in Wahrheit die Leibgarde des Schlosses in Mai-Verkleidung – geleiten Katharina in eine ganz aus Blumen gebaute Laube im Walde, in der ein Tisch geschmückt ist und in der Robin Hood und seine Männer unter Spiel und Tanz dem König und der Königin ein Waldfrühstück aus frischem Wildbret auftragen. «[37]

Die Hofhaltung nahm immer großartigere Züge an. Waren bisher in Portugal und Burgund die bedeutendsten Höfe Europas gewesen, schob sich jetzt England neben Frankreich stärker in den Vordergrund. Allen sichtbar wurden Prunk und Glanz demonstriert. Möglichst alles mußte aus Gold sein: Kannen und Krüge, Griffe, Vorhänge und Quasten. Selbst Heinrichs Speerträger – eine Elitekompanie – trugen Goldbrokat. Heinrich selbst galt als bestgekleideter Monarch der Welt. Es war unter seiner Würde, gewöhnliches Fleisch zu essen, mit Ausnahme von Schweinefleisch, das in Bouillon gesotten war. Das Prassen geriet zur ständigen Einrichtung. Den Gästen wurden ganze Schüsseln voll Dukaten gereicht, damit sie sich beim Würfelspiel zerstreuen konnten.

Kurzweil fand man auch im aus Frankreich nach England gekommenen Tennisspiel. Die Plätze waren teils bedeckte Räume, teils offene, mit Rasen belegte und mit Hecken eingesäumte Flächen, die zu einem fürstlichen englischen Garten gehörten und zunehmend an Bedeutung gewannen. Es wurde mit Filzbällen gespielt, die mit Hundehaaren gefüllt waren. König Heinrich trug dabei ein weißes Satinwams und ein blaues Samtjackett und konnte sich am Spiel und der Bewegung berauschen. Die Popularität dieses Sports beschränkte sich jedoch bald nicht mehr nur auf die hohe Gesellschaft, worüber sich die Regierung nicht sonderlich begeistert zeigte. Sie fürchtete mit Recht, daß das Volk sich von der Pflege des dem Staat nützlichen Bogenschießens abbringen ließe. Noch 1541 wurde Tennis auf öffentlichen Plätzen verboten und innerhalb von privaten Gärten nur über Lizenzen gestattet. Der Tennisplatz von Hampton Court ist noch gut erhalten geblieben. Hin und wieder wird dort heute noch »Tennys« nach alten Regeln und mit Schlägern der damaligen Form gespielt.

Als der Fußball England zu erobern begann, hielt sich der Hof eher zurück, da – an keine Regeln gebunden – diese Sportart allzu häufig gebrochene Nasen und Beine, wenn nicht gar Schlimmeres, als unliebsame Begleiterscheinung mit sich brachte. In seinem 1525 erschienenen »The Governour« lehnte Sir Thomas Elyot das Fußballspiel als zu gefährlich ab, um Teil der Ausbildung für einen Gentleman zu sein. Stattdessen wurden Windhundrennen, die Jagd und ähnliches empfohlen.

Ein »Sport«, der die Zeiten nicht überlebt hat, ist die Bärenhetze (bear-baiting). Sie war unter Heinrich sehr beliebt. Uns könnte es heute wohl kaum erquicken, wenn sich ein halbes Dutzend extra abgerichtete wütende Bluthunde auf einen an einen Pfahl geketteten Bären stürzen oder aber Männer mit Peitschen auf einen geblendeten Bären losgehen.

Den Höhepunkt von allem, was in England höfisch war, bildeten die im grasbewachsenen Hof abgehaltenen Turniere. Als eine der drei Arten der Hoffeste bedeutete ihr Stellenwert im Hofkalender weit mehr als nur Unterhaltung. Sie behaupteten eine wichtige Rolle im sozialen und politischen Kontext. Die Turniere dienten nicht nur der Vorbereitung auf den Krieg, dem Training der Ritter mit Lanze und Schwert, im Gruppenkampf und in der Tapferkeit. Gleichzeitig förderten sie die Wiederbesinnung auf den Korpsgeist und den Gedanken an den bereitwilligen Dienst am König durch bewaffneten Kampf. Turniere, die ohne königliche Genehmigung einberufen wurden, waren Anzeichen von Opposition; solche Versammlungen vollausgerüsteter Adliger konnten zur Quelle von Aufruhrbewegungen werden, zumal unter den

Prunk und Glanz

Bärenhatz

Tennisspiel

Turnier

82

Höhepunkt des höfischen Lebens:
Das Turnier. Holzschnitt von Lucas Cranach d. Ä., 1509

Königen Eduard II. und Heinrich III., die dem Turnier fernstanden.

Ritter und Pferde waren mit eindrucksvoller und sehr kostspieliger Plattenpanzerung ausgestattet, die aus Gründen des nationalen Prestiges von einheimischen Waffenschmieden angefertigt war. Über der Rüstung trugen die Kämpfer kunstvoll verzierte und mit Edelsteinen besetzte Kostüme, während ihre Pferde mit bestickten Schabracken geschmückt waren, zumeist verziert mit Wappen und dem Wahlspruch des Herrn. Ein einzelner Ritter konnte etliche Gefolgsleute haben, alle prächtig in den Farben ih-

Mit Wappen und Wahlspruch

res Brotgebers ausgestattet. Sie begleiteten ihn auf dem Weg zum Turnierplatz, seine Lanzen und Waffen tragend sowie seine zusätzlichen Pferde führend. Sie mußten auch zur Stelle sein, sollte ihr Ritter unglücklich vom Pferd oder anderweitig gestürzt sein, denn die Bewegungsmöglichkeit in der »maßgeschneiderten« Rüstung war in solchen Fällen wie Aufstehen aus der Rückenlage u. ä. stark eingeschränkt.

Um den Einzug eines Ritters auf dem Turnierplatz zu begleiten, gab es kostspielige szenische Sinnbilder von allegorischer Bedeutung. Den Höhepunkt jedoch bildete das Erscheinen des

Königs selbst. Von jedem Fenster, jedem Balkon starrten bewundernde Blicke auf den vor Tatkraft überschäumenden König, dem dies, solange seine Körperfülle und das Alter es ihm gestatteten (bis etwa 1527), die liebste aller Beschäftigungen war, denn hier paarten sich Sport und Krieg, Lust und Gefahr, Bewunderung und Schrecken, Kunst und Mut. Trompeten bliesen zum Angriff und schürten zusätzlich die schon hochschlagenden Wogen der Erregung sowohl bei den Rittern als auch bei den Zuschauern. König Heinrich saß schnell im Sattel und stieg zumeist erst nach mehreren Stunden wieder vom Pferd. Frohgelaunt und strahlend, als hätte er nicht eine enorme Anstrengung hinter sich, pflegte er dann mit seiner Königin und anderen Zuschauern zu plaudern, Anerkennung und Ehrfurcht erheischend. Er war ein ausgezeichneter Turnierkämpfer und nutzte jede Gelegenheit, um seiner Lieblingsbeschäftigung zu frönen. Er zog auch manchmal seine Rüstung an, um an privaten Turnieren teilzunehmen. Seine Gegner taten gut daran, all ihr Können gegen diesen stürmischen ehrgeizigen Kontrahenten aufzubieten, um nicht von diesem hinweggefegt zu werden.

Sir William Compton wurde seine Zurückhaltung dem König gegenüber einmal fast zum Verhängnis. Heinrich ritt incognito als geheimnisvoller Fremder mit geschlossenem Visier an. Sir William, vornehmer Angehöriger des Privatkabinetts, ahnte wohl, wer ihm gegenüberstand und »setzte sich aus Anstand nur wenig zur Wehr. Zum Dank für seine Bemühungen wurde er von dem vermummten geheimnisvollen Mann zu Fall gebracht und fast totgeschlagen. Wir dürfen annehmen, daß es Sir William wenigstens gelang, höflich zu lachen, als der ergötzliche Scherz offiziell enthüllt wurde . . .«[38]

Heinrich galt nicht nur auf dem Turnierplatz oder an der Tafel als absoluter Potentat. Bereits

Heinrichs Lieblingsbeschäftigung

an seiner Kleidung sollten Macht und Reichtum dieses Renaissancefürsten für alle und jeden erkennbar sein. Venezianische Gesandte beschrieben Heinrichs Anzug 1515 und verdeutlichten damit zugleich die damaligen Modevorstellungen: Der König trug einen veilchenfarbenen Mantel, der mit weißem Atlas gefüttert und mit breiter Schleppe versehen war, »in Wahrheit mehr als vier venezianische Ellen lang«. Der Mantel wurde von einer dicken goldenen Kordel gehalten, an der »große Eicheln aus lauterem Golde hingen«. Darunter trug der König einen Wams aus geschlitztem weißem und karmesinrotem Atlas. Seinen Kopf bedeckte eine Mütze aus karmesinrotem Samt. Ein dicker goldener Halsschmuck, auf dem der heilige Georg in Diamanten prangte, und ein zweiter goldener, von dem ein Diamant hing »so groß wie die größte Walnuß, die ich je erblickte«, rundeten das Bild ab. Und von dieser Walnuß »tropfte eine äußerst schöne und sehr große runde Perle«. Auch ein Zierdolch in einer Scheide aus Goldstoff fehlte nicht, »und seine Finger sah man nicht vor der Menge edelsteingeschmückter Ringe!«[39]

Die Mode der geschlitzten Kleidung soll nicht in den Salons, sondern auf dem Schlachtfeld entstanden sein, kreiert von Zürichern. Als diese 1476 nach der Schlacht bei Grandson in das Lager der Burgunden eindrangen, fanden sie, neben nie gesehenen Schätzen, auch elegante Anzüge vor. Als die kräftigen Landsknechte sogleich in die Wämser und Hosen zu schlüpfen versuchten, fühlten sie sich darin mehr als beengt und begannen deshalb, den Stoff an den Knien und Ellenbogen mit Dolch oder Schwert aufzuschlitzen. Von hier aus sei dann, so wird berichtet, die Mode der zerhauenen oder geschlitzten Tracht über alle westeuropäischen Länder verbreitet worden. Wie stets in der Mode, wurden auch damals diese Einschnitte

Geschlitzte Kleidung

Prunkvolle Repräsentation:
Heinrich VIII. auch führend in der Mode seiner Zeit. Gemälde von Hans Holbein d. J., um 1530.
National Portrait Gallery, London

entsprechend »veredelt«. Sie erfuhren eine dekorative Ausgestaltung, indem man am Wams das seidene Hemd durch die Schlitze puffenartig heraustreten ließ oder einen separaten Stoff darunter nähte.

Puffenmode An den Hosen wurden die Einschnitte generell mit seidenen, in den Farben abstechenden Puffen versehen. Auf diese Art entstand Ende des 15. Jahrhunderts die erste Form der Puffenmode. Aus ihr entwickelte sich – dem Zeichen der Zeit und ihrer Luxus- und Prachtentfaltung entsprechend – die ungeheuerliche und weltberühmte Pluderhosentracht. Sie erlebte, wie Eduard Fuchs in seiner Sittengeschichte schreibt, in der ersten Hälfte des 16. Jahrhunderts ihre tollsten Ausgeburten in der Stoffverschwendung, wobei ein einzelner Mann oft bis zu 60 Ellen Stoff am Leibe trug! Diese Hosenmode hätte eigentlich ein anderes, aus dem 15. Jahrhundert stammendes Detail der Männerkleidung überflüssig werden lassen können: den Hosenlatz. Es handelte Hosenlatz sich hierbei um die Ausgestaltung der Schamkapsel. Sie war notwendig gewesen durch das enganliegende Beinkleid und die frühere Bruch, die nicht zusammenhängend war, sondern aus zwei gesonderten Röhren bestand, die oben mit dem Hemd vernestelt wurden. Solange der Rock wenigstens bis an die Knie hinabreichte, konnte man auf dieses Gehäuse verzichten. Das knappe Damenmode Wams aber, das kurz unter dem Gürtel abschloß, hätte bei Tanz und Spiel zu Entblößungen geführt.

Daß der Latz erhalten blieb und sogar eine neue Blüte – trotz Pluderhose – erlebte, hing mit dem Zeitgeist zusammen. Der Mann galt als Männlichkeit ist Trumpf vollkommen und schön, wenn ihn physische Merkmale auszeichneten, die seiner geschlechtlichen Aufgabe entsprachen: Kraft und Aktivität. Und so tritt uns Heinrich VIII. auf Gemälden Gamurra, Cotta und Cioppa auch meist entgegen: Die Kleidung unterstreicht

überdeutlich seine Männlichkeit, die Breite der Schultern wird hervorgehoben (später vor allem, um ein wenig die enorme Körperfülle zu überspielen). Der Hosenlatz erhält Plakatwirkung: Durch Farbe, verziert mit Bandschleifen oder Schlitzen und Vergrößerung wurde eine groteske Vortäuschung ständigen Tatwillens erzielt.

Mit Hut und Mantel Der von den Venezianern erwähnte Mantel gehört ebenfalls zu den typischen Merkmalen der Renaissancemode. Die Zimarra war ein Überrock von wechselnder Länge mit Öffnungen für die Arme, oft mit Pelzwerk verziert und nicht selten auch mit falschen Ärmeln versehen. Auch der Schnitt des gesamten Mantels und die Verzierungen an den Schultern betonten die Figur und ließen sie imposant erscheinen. Am Bandelier, einer Art Gürtel aus Leder mit Metallbeschlägen und einer großen Schnalle, wurde seitlich zumeist ein Stoßdegen getragen. Breite Kuhmaulschuhe waren an die Stelle der spitzen Schnabelschuhe getreten. Als Kopfbedeckung diente das oft schräg aufgesetzte Barett, dem die Calotte – eine eng am Kopf anliegende Kappe – den nötigen Halt gab. Die rundum kurz geschnittenen Haare, nach innen gerollt – die Kolbe – bildeten die typische Haartracht der Männer.

Auch bei den Frauen setzte sich zu Beginn des 16. Jahrhunderts geschlitzte Kleidung durch, die kostbare und schöne Stoffe der Unterkleidung sehen ließ. Für die Damen wurden ebenso wie für die Männer neue schwere Stoffe verwendet, die in der Regel aus Italien stammten: Seidensamte aus Genua, Goldbrokat aus Florenz, Spitzen aus Venedig. Das Hauptgewand der Frauen bildete die schlichte Gamurra oder Cotta mit langen Ärmeln und rund geschnittenem Rock sowie die elegante Cioppa, die – oft reich verziert und meistens in hellen Farbtönen – darübergetragen wurde. Zuweilen war auch durch einen vorderen Rockschlitz oder durch Anheben des Rockes ein aus kostbar gemustertem Stoff bestehender unterer Rock zu sehen. Das Dekolleté blieb bei der höfischen Mode unbedeckt. Je mehr die Renaissance voranschritt, um so stärker kam der Busen zur Geltung. In die Haare wurden Perlen geflochten oder zarte Netze aus durchsichtigen Schleiern verwendet. Im ersten Viertel des 16. Jahrhunderts war die Tudorhaartracht mit eckiger Haube, die das Haar völlig verhüllte, typisch. Der Kopf blieb jedoch auch häufig unbedeckt, und das Haar war so frisiert, daß die Stirn möglichst hoch erschien.

Modische Accessoires bildeten Handschuh, Fächer und Taschentuch – letzteres nur zur Zierde – sowie das Flohpelzchen, das die nicht Flohpelzchen unwichtige Aufgabe erfüllen sollte, die Aufmerksamkeit unliebsamer kleiner Haustierchen von der Trägerin ab- und auf sich zu lenken. Spezielle Nachtbekleidung kam erst ganz allmählich auf. Wer nicht in den Kleidern schlief, zog sich völlig aus und schlief zwischen zwei Laken nackt. Auch ins Bad ging man im Adam- beziehungsweise im Evakostüm, wie überhaupt ein schöner nackter Körper mit Wohlwollen betrachtet wurde. Eduard Fuchs spricht von dem Brauch, »mächtige Fürsten, die in eine Stadt zu Besuch kamen, von splitternackten schönen Jungfrauen am Stadttore empfangen zu lassen«, was, wie er weiter feststellte, sicher ziemlich häufig geübt wurde, da diese Programmnummer stets das regste Interesse fand.[40]

Es ging dann auch toll zu in höfischen Kreisen. Mit dem Erhalt der Jungfräulichkeit nahm man es nicht so genau. Ein Mädchen blieb solange Jungfrau »als der Bauch schwieg«, und es soll eine Liste mit 250 Abtreibungsmitteln existiert haben. Demnach war die Verführungsgefahr bei Hofe sehr groß und eine voreheliche

Lockerer Lebenswandel

Eine Liaison gegen die Langeweile

Freie Sitten

Schwangerschaft am fatalsten. Als unsittlich galt lediglich das Nichtbeherrschen der Spielregeln, nicht jedoch, wenn eine Dame einem Höfling mehr als zärtliche Vorspiele gewährte. Es galt das Motto, alles zu riskieren, ohne dabei den Einsatz – den Schein der Tugend und der Jungfräulichkeit – zu verlieren.

Die Sitten und Umgangsformen am damaligen englischen Hof begünstigten geradezu solch lockeren Lebenswandel. Während die auch in Frankreich bestehende Sittenfreiheit dort durch eine gewisse Diskretion gemildert wurde, herrschte am Hofe Heinrichs VIII. eine weitgehende Unverblümtheit. Die Damen zeigten in der Gesellschaft ihre Beine und küßten in aller Öffentlichkeit jeden, der ihnen vorgestellt wurde. Sie erschienen zum Bankett ohne Begleitung und gingen ungeniert von einem zum anderen. Die Langeweile wurde am angenehmsten durch eine Liaison vertrieben. Dabei war es selbstverständlich, daß der höfische Adlige – allen voran natürlich König Heinrich selbst – unverhüllte Beziehungen zu einer schönen Dirne unterhielt, die er vollständig versorgte und in deren Haus, das er einrichtete, er ungeniert verkehrte und mit Freunden feierte. Die Beziehung zu einer Kurtisane und deren prachtvolle Ausstattung gehörten zur öffentlichen Zurschaustellung von Reichtum und Macht. So kann es kaum verwundern, daß angesichts solcher Moralvorstellungen, der noch in den Kinderschuhen steckenden Medizin und der Unkenntnis einer Wissenschaft namens Hygiene, die über den »großen Teich« nach Europa gebrachte Syphilis – die sogenannte Franzosenkrankheit – so mühelos Fuß zu fassen vermochte. Mit ihr nahmen, wie Fuchs es charakterisierte, die armen Eingeborenen der neu entdeckten Welt »an ihren späteren goldhungrigen Folterknechten die Rache auf Vorschuß«.[41]

87

SECHS KÖNIGINNEN IM STRUDEL
VON MACHT UND BEGIERDE

Das Wort Mercurino Gattinaras,
daß Fürsten nicht aus Liebe heiraten, sondern nur,
um Kinder zu zeugen, dürfte im Falle Heinichs VIII.
nur die halbe Wahrheit gewesen sein.

Solange der Vater Heinrichs VIII. lebte, hatte er seinem Sohn nicht gestattet, die Verbindung mit der Witwe Arthurs einzugehen. Ja, er versuchte sogar, Begegnungen der beiden zu hintertreiben, wiewohl Heinrichs Sinn nach seiner »teuersten und heißgeliebten Gemahlin, der Prinzessin, meinem Weib«[42] trachtete. Katharinas Niederkunft mit ihrer ersten, zu aller Kummer totgeborenen Tochter am 31. Januar 1510, sieben Monate nach der Heirat mit Heinrich, ließ jedoch erkennen, daß der junge Monarch nicht mehr länger gewillt gewesen war, seine Beziehung zu Katharina laut väterlichem Befehl auf mehr oder minder platonisch-kleinem Feuer zu halten. Heinrich VIII. lag viel mehr daran, ein strammes Weib im Bett zu haben als ein paar zusätzliche Kronen in der Staatskasse.

Eine Zeit ungetrübten Glücks begann für das junge Königspaar. »Unser Leben ist eine einzige Folge von Festen. Wir verbringen die Zeit mit Banketten«[43], so schrieb Katharina an ihren Vater gleich nach der Krönung. Sie stand unzweifelhaft im Mittelpunkt des Hoflebens, war dieser Aufgabe durchaus gewachsen und sich der Rechtmäßigkeit ihrer Stellung unbedingt bewußt. Vielfach ausgebildet und unterrichtet,

sprach und schrieb sie Latein, hatte auch ein wenig Französisch und Italienisch gelernt. Da sie des Englischen nicht kundig war, unterhielt sie sich mit ihrem Gemahl Französisch. Feine Stickarbeiten wußte sie anzufertigen, liebte aber auch Bewegung, speziell den Tanz. Sie hatte sowohl die majestätisch-gemessenen feierlichen Tänze Spaniens gelernt als auch die temperamentvoll-schnellen, die eine gewisse Wendigkeit, Kraft und Ausdauer erforderten. Schmuck und kostbare Kleidung waren für die junge Monarchin ebenso selbstverständlich wie die ihr aufwartenden, prächtig gekleideten und im Hofleben geschulten Damen in ihrem Gefolge. Vor ihr, der spanischen Königstochter, neigten selbst Herzöge und Grafen aus dem höchsten Adel, wie Norfolk und Shrewsbury, das Haupt, obwohl sie tief im Innersten das Geschlecht der Tudors verachteten.

Als einflußreichster Mann in Katharinas Diensten fungierte nicht ihr alter irischer Kämmerer, der Earl of Ormonde – ein Veteran der Schlachten von Towton und Tewkesbury und ein echtes Überbleibsel aus einer anderen Welt –, sondern ihr Beichtvater, der Mönch Diego Fernandez, den sie auch als ihren »Kanzler« bezeichnete.

Katharina
von Aragonien

Mittelpunkt
des Hoflebens

Nur Beicht-
vater?

20 Mittelpunkt des Hofes:
Katharina von Aragon als junge Frau,
Tochter des spanischen Königspaares Isabella und Ferdinand,
erste Gemahlin Heinrichs VIII. Gemälde von Michael Sittow.
Kunsthistorisches Museum, Wien

21 Geliebt und gehaßt:
Anna Boleyn, zweite Gemahlin Heinrichs VIII.
Ihre Heirat mit dem König wurde zum Auslöser
der Trennung
der englischen Kirche von Rom.
Kreidezeichnung von Hans Holbein d. J., 1533/34.
Sammlung des Earl of Bradford

22 Die große Hoffnung an der Seite König Heinrichs VIII.:
Jane Seymour, dritte Gemahlin Heinrichs VIII. und Mutter Eduards VI.
Gemälde von Hans Holbein d. J.
Kunsthistorisches Museum, Wien

23 Königin für nur wenige Wochen:
Anna von Kleve, vierte Gemahlin Heinrichs VIII.
Gemälde von Hans Holbein d. J.
Musée du Louvre, Paris

24 Voll Liebreiz und Leichtsinn:
Katharina Howard, fünfte Gemahlin Heinrichs VIII. Miniatur,
Hans Holbein d. J. zugeschrieben.
Royal Collection, London

25 Sie überlebte ihn:
Katharina Parr, sechste Gemahlin Heinrichs VIII.
Porträt auf einer Medaille

26 **Die Tudorerbfolge auf einen Blick:**
Heinrich VIII. mit seiner Familie. Diese schematische Tudorfolge ist nach Heinrichs Tod entstanden:
Heinrich VIII., Jane Seymour und Eduard VI. im Zentrum,
links und rechts die Prinzessinnen Maria und Elisabeth. Gemälde im Stile Hans Holbeins d. J.
Royal Collection, London

30 Kunstvolles Design:
Schreibkasten Heinrichs VIII., 1525 aus Holz und goldbedrucktem Leder angefertigt,
mit dem Wappen Katharinas von Aragon und Heinrichs VIII.
Victoria und Albert Museum, London

Ein Franziskaner aus dem alten Kastilien, nutzte er als ihr Seelsorger (1507–1515) seine Position, ihre Gedanken zu erkennen und zu lenken. Daß die Königin völlig verstört auf seine Abberufung reagierte, ließ die Wellen des Hofklatsches, Diego wäre auch ihr Liebhaber gewesen, noch höher schlagen. Diese angebliche Liaison hat dann wohl auch beim Scheidungsprozeß viele Jahre später eine Rolle gespielt.

Doch noch war an all das nicht zu denken, da der Honigmond über dem Hof und dem jungen Glück schien. Heinrich ehrte Katharina und fühlte sich als ihr Ritter. Auf Turnieren trug er ihre Farben und nahm von ihr allein die Siegestrophäe entgegen. Granatapfel und Tudorrose Granatapfel und Tudorrose (ihr Wappen und sein eigenes) ließ er vereinigt auf dem neugebauten Tor am Eingang zu Schloß Windsor in Stein hauen; die verschlungenen Initialen H und K wurden in jedes Gerät im Haushalt geprägt. Ausländische Gesandte empfing Heinrich am liebsten in ihren Gemächern, und ständig wurden neue Bankette, Feste, Spiele, Verkleidungsspäße für Hof und Gäste mit ihr als Mittelpunkt veranstaltet. An seinen Schwiegervater schrieb der achtzehnjährige Heinrich voller Überschwang einen Monat nach der Trauung: »Unsere Gemahlin, die Königin, erscheint täglich in neuen Tugenden . . . , so daß, wären wir noch frei, wir dennoch sie erwählen würden. «[44]

Eine Wandlung schien in Heinrich vorgegangen zu sein. Seiner zurückgezogenen Erziehung geschuldet, hatte er immer eine gewisse Scheu Frauen gegenüber empfunden. Die Heirat mit Katharina gab ihm Selbstvertrauen. Besonders bei maskierten Tänzen fühlte er sich wohl und tollte in harmloser Weise mit den Damen herum.

Den ersten Hinweis, daß ihr Gemahl auch Augen für andere Frauen hatte, bekam Katharina im

Die erste Wolke am Ehehimmel Mai 1510, als sie zum zweiten Male schwanger war. Vielleicht handelte es sich nur um Weiberklatsch, was dem spanischen Botschafter hinterbracht wurde, es konnte aber durchaus auch etwas Wahres an dem Gerücht gewesen sein, daß Heinrich sich zu Lady Fitzwalter – der älteren Schwester des Herzogs von Buckingham, verheiratet mit Robert Ratcliff, Lord Fitzwalter – hingezogen fühlte. Jedenfalls mußten Lady Fitzwalter und ihr Gemahl den Hof verlassen. Eine erste Wolke hatte den so strahlend blauen Ehehimmel des Monarchenpaares getrübt, wurde jedoch als wenig tragisch empfunden. Heinrich war jung, kräftig, voll überschäumender Lebenslust und: Er war der König!

Geburt des Thronfolgers Als am Neujahrstag 1511 der Thronfolger geboren wurde, anscheinend munter und kerngesund, wußte Heinrich sich kaum zu halten angesichts seiner Freude über den heiß ersehnten Stammhalter.

Freudenfeuer erleuchteten die Stadt und freier Wein floß in Londons Straßen für jedermann, um die Geburt des Prinzen of Wales, Heinrich, allen kund zu tun. Der König von Frankreich und die Herzogin von Savoyen wurden gebeten, Pate zu stehen. König Heinrich ließ für seinen Thronfolger auch gleich einen separaten Haushalt mit 40 Bediensteten in Westminster einrichten.

Den Höhepunkt erreichten die Festivitäten am 12. und 13. Februar, wo Heinrich als »Coure loyall« auftrat. Auf Banketten, Festumzügen, bei Gesang und Tanz erreichte das Volk ein solches Maß an Ausgelassenheit, daß dem König und seinen Gefährten von einfachen Leuten die Kleider vom Leib gerissen wurden. So stand Sir Thomas Knyvet an einer Bühne und verlor trotz aller Gegenwehr Rock und Hosen. Als auch die Damen geplündert wurden, schritt die königliche Garde ein und drängte das Volk zurück.

Der Riesenjubel und die überschäumenden Feierlichkeiten wichen jedoch bald großer Enttäuschung, als der kleine Heinrich nach zwei Monaten auf rätselhafte Weise starb. Sein Vater gab ihm ein höchst verschwenderisches Begräbnis in Westminster Abbey. Läßt sich ermessen, ob dem Gang der englischen Geschichte ein anderer Verlauf beschieden gewesen wäre bei glücklicherem Verlauf der Ereignisse?

Sorge um die Thronfolge

Auch die beiden nächstgeborenen Söhne überlebten nicht das Wochenbett. Erst am 18. Februar 1516 wurde Katharina von einem gesunden reizenden Mädchen, das nach Heinrichs Lieblingsschwester Maria benannt wurde, entbunden. Heinrich, wiewohl maßlos enttäuscht, daß es kein Knabe war, soll aufmunternd gesagt haben: »Wir beide sind jung. Wenn es diesmal eine Tochter war, werden mit Gottes Gnaden die Söhne folgen.«[45]

Tochter Maria

Er zeigte sich trotzdem stolz auf seine Tochter und brüstete sich damit, daß sie nie schrie. Zwar wurden keine Extragemächer für sie eingerichtet wie bei Prinz Heinrich, doch die Zahl der Bediensteten für Katharina wurde aufgestockt, zum Beispiel um die vier Wiegenschaukeler. Wie alte Rechnungsbücher belegen, kostete der kleine Haushalt der Prinzessin Maria, als sie drei Jahre alt war, bereits die stattliche Summe in Höhe von 1.400 Pfund.

Die spanische Blume verblüht

Die vielen Schwangerschaften, Geburten und Fehlgeburten hatten den Leib der Königin arg in Mitleidenschaft gezogen, und als sie 1518 wiederum ein totes Kind gebar und auch die mit Frühgeburten endenden Schwangerschaften aufhörten, schien nunmehr (spätestens 1525) jede Hoffnung auf einen Thronfolger dahin. Alle Künste der Ärzte – auch der eigens aus Spanien herbeigerufenen – konnten dem pausenlos geforderten Körper Katharinas die Fruchtbarkeit nicht wieder zurückgeben.

Maîtresse en titre: Bessie Blount

Inzwischen hatte sich Heinrich bereits näher einer schmucken Hofdame der Königin zugewandt, einer Verwandten von Lord Mountjoy, der hübschen und kecken Elisabeth Blount. Sie war dem König schon während der Neujahrsfeiern 1514 aufgefallen, doch hatte er inzwischen ein Techtelmechtel mit einem anderen Edelfräulein der Königin, mit Jane Popyncort, der Mätresse des Herzogs Longueville. Nach dieser flüchtigen Affäre gelangte dann Bessie Blount in eine Position, für die der englische Sprachgebrauch keine Bezeichnung kennt: maîtresse en titre. Katharina »übersah« großzügig auch diese Liaison. Selbst als Bessie Blount schwanger wurde, beeinträchtigte dies nicht die Ehe, sondern Heinrich soll seiner Frau und der kleinen Tochter noch liebenswürdiger und charmanter gegenübergetreten sein, ja sogar vergötternde Vaterliebe zur Schau gestellt haben. Der venezianische Gesandte Giustinian berichtete dazu: »Seine Majestät ließ die Prinzessin, seine Tochter, die nun zwei Jahre alt ist, in die Gemächer bringen, wo wir waren, worauf der ehrwürdige Kardinal und ich und alle anderen Lords ihr formell die Hand küßten. Ihr wurde insgesamt mehr Ehre zuteil als der Königin.«[46] Dieses Verhalten änderte sich auch nicht, als Elisabeth Blount 1519 in einer Priorei mit einem Knaben niederkam. Heinrich war endlich Vater eines Sohnes geworden.

Königlicher Sohn Henry Fitzroy

Bessie Blount, der ihr Kind weggenommen wurde, um in halb königlicher Abgeschlossenheit erzogen zu werden, war bereits während ihrer Schwangerschaft mit Gilbert Tailboys, einem von Wolseys Schützlingen, verheiratet worden. Heinrich kaufte ihnen Blackmore Manor in Essex, wo Henry Fitzroy (fils of roi = Sohn des Königs) geboren wurde. Gilbert Tailboys avancierte zum Sheriff und Mitglied des Parlaments (M. P.) für Lincolnshire, einigen

Selbstherrlich und zunehmend unberechenbar:
König Heinrich VIII. im besten Mannesalter.
Diese Kreidezeichnung wird Hans Holbein d. J. zugeschrieben.
Staatliche Graphische Sammlung, München

Wohlstand erlangend. Er starb 1530, und seine Witwe, die Heinrich längst aus seinem Leben gestrichen hatte, vermählte sich mit einem Nachbarn, dem jungen Lord Clinton, der ihren königlichen Sohn – bald Spielball der Politik Wolseys gegen die Thronfolge Marias im Scheidungsverfahren zwischen Heinrich und Katharina – um einige Jahre überlebte.

Heinrichs neue Mätresse wurde Maria Boleyn. Auch mit ihr hatte er vermutlich einen Sohn. Da ihm jedoch ein Bastard genügte, wurde jener wohl im Kloster von Syon untergebracht. Maria blieb weiterhin die Favoritin des Königs, wiewohl mit William Carey verheiratet, der vorsorglich in die entfernte Provinz abkommandiert worden war. Allerdings mußte sie neben sich auch andere Edeldamen dulden, denen sich der König bisweilen zuwandte. Die Königin hatte das alles geflissentlich übersehen, wozu sie bereit war, solange es nicht um ihre Existenz ging. Auf ihren Gemahl konnte sie kaum noch Reiz ausüben. Durch die vielen Schwangerschaften hatte sie ihre gute Figur verloren. Auch machte sich der Altersunterschied zu ihrem Gatten bemerkbar: Franz I. soll sogar über die Königin geäußert haben, daß sie »alt und unförmig« sei.

Eine auf dem traditionellen Grundriß englischer Paläste basierende Anordnung der Räumlichkeiten – zurückgehend auf das frühe Mittelalter und von Heinrich VII. in seinem neuen Gebäude in Richmond getreu nachgebaut – favorisierte das etwas locker gehandhabte Verständnis von ehelicher Treue, da für die Königin ebenso Gemächer eingerichtet wurden wie für den König. So hatte Katharina sowohl eine Schlafkammer als auch ein Empfangszimmer für sich, und zwar in jeder königlichen Residenz. Diese Dopplung des königlichen Bettes ließ die Versuchung für beiderseitige Neigungen zu Seitensprüngen natürlich wachsen.

Obwohl Heinrich und Katharina vor Hof und Gesellschaft immer noch als liebende, sich ehrende Gatten erschienen, hatte Wolsey – auf Befehl Heinrichs – im Hintergrund längst das Scheidungs- und Neuvermählungskarussell in Schwung gebracht. Heinrich wollte sich von Katharina lösen, um aus der engen Bindung mit Spanien herauszukommen und durch eine neue Ehe, eventuell in Richtung Frankreich (Prinzessin Renée), einen legitimen Nachfolger zu zeugen. Als Heinrich erstmalig seine Gedanken über die Annullierung oder Scheidung der Ehe gegenüber Wolsey erwähnte, soll diesem so ein Gedanke recht unlieb gewesen sein: »Im Privatkabinett des Königs kniete ich vor ihm . . . wohl an die ein bis zwei Stunden, um ihn von seinem Wollen und Verlangen abzubringen; aber ich vermochte nimmermehr zu bewirken, daß er davon abließ.«[47]

Der berühmteste Scheidungsprozeß der Weltgeschichte, der insgesamt sechs Jahre dauerte, begann im Mai 1527 im erzbischöflichen Palast zu Westminster. Wolsey, der die Sache vor Katharina geheim zu halten gedachte, eröffnete die Verhandlungen. Zum Gerichtshof gehörten neben Kardinal Wolsey auch Erzbischof Warham, Bischof Fisher und andere sowie zwei Laienadvokaten, wobei Dr. Wolman für die Anklage und Dr. Bell für die Verteidigung fungierten. Der Beschuldigte war: Heinrich. Wolsey hatte vor, die Sache so darzustellen, daß der König demütig zugeben sollte, 18 Jahre lang in gesetzloser Gemeinschaft mit seines Bruders Weib gelebt zu haben und sich »dem Urteil seiner Untertanen unterwerfe«. Nach bestellter Rede und Gegenrede von Wolman und Bell verkündete Wolsey, daß in einer zweiten Sitzung der Fall entschieden und das Urteil wie folgt gesprochen werden würde: Die Ehe sei ungültig, Katharina die Witwe Arthurs, Maria ein uneheliches Kind

Scheidungsgedanke

Noch ein Bastard?

Ungültige Ehe?

und Heinrich Junggeselle. Doch Wolseys Rechnung ging nicht auf. Katharina erfuhr von der Geheimversammlung (wie eigentlich nichts am Hofe verborgen blieb), informierte den spanischen Botschafter Mendoza, der Wolsey klarsetzte, daß nur der Papst und ein öffentliches Verfahren das Problem entscheiden könnten. So wurde nichts aus der zweiten Sitzung und der beabsichtigten lautlosen Verabschiedung Katharinas von Aragon.

Hinzu kam die für Heinrichs Vorhaben ungünstige außenpolitische Konstellation: die Plünderung Roms (Sacco di Roma) durch Truppen Karls V. und die faktische Gefangennahme des Papstes. Damit waren alle Pläne, Katharina mit Zustimmung Clemens VII. zu verstoßen, gescheitert. Man mußte sich auf eine längere Prozedur einrichten, da auch die Taktik, die Königin zur gütlichen Trennung zu überreden, nicht aufging. Vielmehr wurde vom Papst ein Sonderbeauftragter, Kardinal Lorenzo Campeggio, eingesetzt, der es jedoch in Sachen Ehescheidung nicht eben eilig hatte. Heinrich seinerseits gedachte nicht, bis auf das Ende des Prozesses zu warten, ehe er sich intensiver seiner neuen Favoritin zuwandte: Anna Boleyn, der Schwester Marias.

Doch Katharina war nicht bereit, kampflos ihren Platz aufzugeben. Im Juni 1529 begann der öffentliche Scheidungsprozeß im Blackfriars-Saal zu London. In der extra dafür hergerichteten Halle standen auf hoher Estrade an dem einen Ende zwei Sessel für die beiden präsidierenden Richter, den römischen Kardinal Campeggio und Kardinal-Lordkanzler Wolsey. Unter ihnen befanden sich die Plätze für die Gerichtsschreiber und zu beiden Seiten des Saales, über den Schreibern, jedoch unter den Kardinälen, die bischöflichen Assessoren. Die Anwälte sollten niedriger als diese, jenseits der Schranke und

König contra Papst

Im Gerichtssaal

einander gegenüber ihre Plätze einnehmen: rechts die Vertreter des Königs und links die der Königin. Unmittelbar an der Schranke sollten die Zeugen erscheinen. Der weite Vordergrund des Saales von der Eingangstür her stand der Menge der Zuhörer zur Verfügung. Über der Estrade der Kardinäle jedoch war noch eine andere errichtet: Hier sollte Heinrich thronen – über seinen Richtern! Links vom König, an der anderen Seite der Halle und um eine Stufe niedriger, stand der Sessel der Königin.

Sie erschien persönlich zur Verhandlung, kniete vor Heinrich nieder und bat, sie und ihre Tochter nicht zu entehren: »Als Ihr mich zum ersten Mal besaßet und Gott möge mein Richter sein, war ich wahrhaftig eine Jungfrau, unberührt von einem Mann. Und ob das wahr ist, stelle ich Eurem Gewissen anheim«, so sprach Katharina und bat weiter: »Wenn nach dem Gesetz irgendein gerechter Grund besteht, den Ihr gegen mich vorbringen könnt, bin ich es wohl zufrieden, zu meiner großen Schande und Schmach fortzugehen.«[48] Nach diesen Worten, die sie an ihren reglos und steinern dasitzenden Gemahl gerichtet hatte, verließ sie den Verhandlungssaal, um ihn nie wieder zu betreten.

Erst im Juli 1533 fand der Scheidungsprozeß sein Ende, aus dem aber nicht nur Katharina als Verlierer hervorging, sondern auch sein einstiger Betreiber: Kardinal Wolsey. Er war bei Heinrich vor allem wegen des sich schleppenden Gangs des Prozesses und der nicht endenwollenden Probleme in Ungnade gefallen, und nur sein durch Enttäuschung und Krankheit beschleunigter Tod Ende 1530 »rettete« ihn vor dem Schafott. Auch die Tatsache, daß er die Neigung Heinrichs für die Hofdame Anna Boleyn, die er zunächst mißbilligt hatte, später anerkannte und beförderte, konnte an seinem Schicksal nichts mehr ändern.

Vater der zweiten Königin:
Thomas Boleyn, Earl of Wiltshire und Armonde, Vater von Mary und Anna Boleyn.
Zeichnung von Hans Holbein d. J.
Royal Library, London

Die Boleyns waren einfacher Herkunft, aber schon geraume Zeit mit den vornehmsten Geschlechtern Englands verwandt. Anna war mütterlicherseits die Enkelin des Herzogs von Norfolk und Nichte Thomas von Norfolks, dem Vornehmsten unter den Magnaten. Ihr anderer Großvater – ein reicher Londoner Kaufmann – hatte es zum Lord Mayor (Bürgermeister) von London gebracht. Ihr Vater, ein strebsamer, ernsthafter Beamter, hatte seinem ursprünglichen gewöhnlich wirkenden Namen Bullen die feinere normannisch klingende Form Boleyn gegeben. Für seine Hilfe bei der Verbindung Heinrichs mit Tochter Maria Boleyn, die während ihrer Zeit als Ehrenfräulein Marias in Frankreich bereits ein recht flottes Leben geführt hatte und von Franz I. als »Mietpferd« bezeichnet worden war, hatte man Thomas Boleyn reichlich belohnt (Schatzmeister des königlichen Haushalts, Schloßverwalter von Tonbridge und Swattham, Steuereinnehmer von Bransted, Bewahrer von Thunderley und Westwood Park, Titel der ge-

Die Boleyns

Vater Thomas Boleyn

102

rade unbesetzten Lordschaft von Rocheford). Auch für seine Tochter Anna schienen die Sterne günstig zu stehen, denn Henry Percey, ein blonder attraktiver Edelmann, Sohn des Grafen von Northumberland, verliebte sich unsterblich in sie, und Anna schien seine Gefühle zu erwidern. Doch er mußte, wie vorgesehen, Maria Talbot, Tochter des Grafen von Shrewsbury und Erbin einer mächtigen Familie, heiraten. Wolsey hatte seine Hände wahrscheinlich mit im Spiel, ebenso wie er dafür sorgte, daß die verführerische Anna Boleyn für zwei Jahre in ihr Vaterhaus in Hever in Kent zurückmußte, wo Thomas Wyatt Gedichte für sie verfaßte. An sie zurückdenkend, schrieb er später einige Verse über eine Zauberin, die ihn anzog und ihm entrann:

»Der sie zu jagen wünscht: ihm künd ich's
an:
wie ich gar leicht verschwendet er die Zeit.
Gegraben in Demant und aufgereiht
um ihren holden Hals er lesen kann:
Noli me tangere; Caesar bin ich geweiht;
Die zahm erscheint, doch wild die Fesseln
scheut. «[49]

Als Zehnjährige war Anna Boleyn bereits als eines der Hoffräuleins der Schwester Heinrichs mit auf ihren Hochzeitszug nach Frankreich gegeben worden. Sie kannte sich also am französischen Hof aus, sprach sehr gut Französisch und hatte sich in das französische Wesen eingelebt, da sie auch nach dem Tod Ludwigs XII. noch sieben Jahre bei Franz I. und im Gefolge der Königin Claude sowie der Schwester von Franz, Margarethe von Alençon, in Frankreich blieb. Ihren Aufstieg verdankte Anna sicher zuerst ihrer vier Jahre älteren Schwester Maria. Aber Anna war nicht gewillt, mit ihr und anderen Damen das Schicksal einer Mätresse des Königs zu teilen,

Anna in Frankreich

als sie Ende 1525/Anfang 1526 an den englischen Hof zurückkehrte.

Anna Boleyn galt nicht als so schön wie Maria, da ihr Reiz nicht den herkömmlichen Vorstellungen entsprach. Ein Venezianer schrieb über sie: »Madame Anna gehört nicht zu den hübschesten Frauen der Welt. Sie ist von mittlerer Statur, hat einen dunklen Teint, einen langen Hals, eine großen Mund und einen nicht sehr üppigen Busen; sie hat wirklich nichts, das für sie spricht als des Königs großes Begehren und ihre Augen, die schwarz und schön sind. «[50] Anna mußte mit Charme, Geist und Eleganz ersetzen, was an Schönheit fehlte. Sie war eine vorzügliche Reiterin und eine graziöse Tänzerin. Mit Anmut und wohldosierter Zurückhaltung wußte sie den König immer fester an sich zu binden. Ein Teil der Liebesbriefe (in höfischem Französisch), die zwischen dem Hever Castle und London hin- und herpendelten, sind erhalten und belegen sowohl die stürmische Hinwendung Heinrichs zu ihr als auch Annas hinhaltende, neckische Art, mit dem sie so heiß begehrenden Manne umzugehen. So schrieb Heinrich: »Ich habe große Seelenpein ausgestanden, als ich den Inhalt Eurer Briefe bei mir erwog und nicht wußte, ob ich sie, wie an einer Stelle demonstriert, zu meinen Ungunsten oder, wie anderswo, zu meinem Vorteil auslegen sollte. Ich flehe Euch an, mich ohne Umschweife Eure Gefühle, hinsichtlich der Liebe, die zwischen uns besteht, wissen zu lassen. «[51] Ihre Anziehungskraft auf den König ist rational wohl kaum zu erklären.

Anna zeigte sich nicht bereit, den König zu erhören, solange er mit Katharina verheiratet war, den sie hatte den Ehrgeiz, selbst Königin zu werden; und sie wußte, daß es einen hohen Einsatz kosten würde, sollte dieses Ziel jemals in greifbare Nähe rücken. Sie hielt sich auch nach

Anna und Heinrich

Annas Ambition

Dichter und Anbeter Anna Boleyns:
Thomas Wyatt. Holzstich nach der Zeichnung von Hanz Holbein d. J.

ihrer Rückkehr an den Hof bedeckt, so daß der inzwischen zur Körperfülle neigende fünfunddreißigjährige Heinrich nur um so mehr in seiner Begierde nach dieser einundzwanzigjährigen, schlanken, feingliedrigen Frau angestachelt wurde. Nun war sie es, nicht mehr Katharina, die ihn während der üblichen Spätsommerreisen über Land begleitete. Sie avancierte zum Mittelpunkt des Hofes, sorgte dafür, daß ihre Familienangehörigen auf lukrative Posten gesetzt wurden, brachte das gesellige Leben im Schloß in Schwung und geriet zum Maßstab für alles bei Hofe. Selbst das Band am Hals, das eigentlich nur den kleinen Auswuchs über ihrer Kehle dekken sollte, wurde zur Mode. Im Sommer 1532 ernannte Heinrich sie zur Marquise von Pembroke. Anna sollte diesen Titel aus eigenem

Recht tragen, an dem Ländereien hingen, die im Jahr 1.000 Pfund Sterling einbrachten.

Königliche Lebensart Ihre Hofhaltung wurde immer prächtiger. Sie bestellte sich kostbare Gewänder, wie zum Beispiel einen Mantel, für den allein 14 Yards schwerer Atlas (1 Yard zu 8 Schillingen, heute etwa 8 Pfund) und 1 Yard schwarzer Samt zum Besatz (13 Schilling und 4 Pence) und $2^{3}/_{4}$ Yards als Futter für Kragen und Schlitz benötigt wurden, das mit Steifleinen und schwarzem Taft gefüttert sowie mit schwarzem Samt besetzt und eingefaßt war. Auf der Ausgabenliste Seiner Majestät erschien noch vor der Heirat in jeder Zeile der Name: Lady Anna. Die Summen, die für Spitzen und Reithandschuhe, Ballen von Seide, Spielschulden und anderes, aber auch für Wildschäden, die ihr Hund angerichtet hatte, ausgegeben wurden, stiegen so von Monat zu Monat. Die Gemächer neben denen Heinrichs gehörten Anna Boleyn schon seit längerem, doch erst im Winter 1532/33, als der Scheidungsprozeß sich dem Ende zuneigte und das Abwarten auch Anna Boleyn (Heinrich schon lange) über war, gab sie sich dem König völlig hin und überraschte ihn im Januar 1533 mit der Botschaft, daß sie schwanger sei. Daraufhin ließ Heinrich sich in tiefster Verschwiegenheit mit ihr am 25. Januar 1533 in einem der Turmgemächer von Whitehall trauen. Doch Anna konnte ihren Triumph bald nicht mehr für sich behalten. Als sie am 22. Februar aus ihren Gemächern kam und unverhofft auf ihren früheren Anbeter Wyatt traf, rief sie ihm zu, daß sie »vor drei Tagen solchen Appetit auf Äpfel gehabt hätte wie noch nie und daß der König ihr gesagt habe, daß sie gewiß schwanger sei«[52].

Die Krönung fand im Mai statt, unmittelbar nachdem das Urteil über Katharina von Aragon gesprochen war. Sie wurde unter enormer Prachtentfaltung und um so mehr mit den altherkömmlichen Zeremonien begangen, da die neue Königin keine geborene Fürstin war und von vielen hohen wie gemeinen Engländern abgelehnt wurde.

Geliebt und gehaßt

Anna verließ bereits am Morgen vor der Krönung Greenwich, um sich im Tower auf ihre zukünftige Aufgabe vorzubereiten. Sie »bestieg eine mit Fahnen und golddurchwirkten Tüchern geschmückte Barke, die einer übergroßen venezianischen Gondel glich ... Es sollte die Traumreise der jungen Königin werden, aber sie wurde zum Alptraum. Kein Hochruf ertönte, keine Musik, kein Gesang. Schweigende Lippen und verschlossene Mienen begleiteten uns«, berichtete eine Hofdame Annas. »Erst, als wir auf der Schwelle der Festung angelangt waren, löste fröhlicher Schall von Trommeln und Trompeten

Schmach

die lähmende Spannung ... Sir Kingston, der Gouverneur des Towers, führte uns in die für den Empfang der Königin eigens bereiteten Gemächer, wo uns Speisen und Trank erwarteten. Anna zog sich zurück und verbrachte den Rest des Tages in Sammlung und Gebet. «[53]

Anna im Tower in Sammlung und Gebet

Am nächsten Morgen wurde sie vom Großzeremonienmeister des Königs aufgesucht, der sie nach Westminster geleiten sollte. »Die Königin, in ein weißes, mit Gold durchwirktes Seidengewand gehüllt, ihre langen schwarzen Haare in ein spinnwebfeines Geflecht aus Goldfäden gebunden, bestieg eine Sänfte mit weißgoldenem Baldachin, die von zwei Schimmeln gezogen wurde. Der König hatte die Straßen mit Lilienbannern, die Fenster mit bunten Fahnen und Wimpeln, die Häuserfassaden mit Rosengirlanden schmücken lassen. Aber wie am Vortag die glitzernden Wasser der Themse, bildete auch an diesem Morgen der festliche Dekor den Hintergrund für eine hartnäckig schweigende todernste Menge«, die Anna Boleyn abwertend Nan Bullen nannte. Wiewohl bereits vom Vortag auf solch einem Empfang vorbereitet, ließ Anna sich die Enttäuschung kaum anmerken. Auch auf einen Zwischenfall reagierte sie nicht, der ihr ihren Platz, ihre Position verdeutlichen sollte. Die Hofdame berichtete: »Als wir Fleetstreet erreichten, machte der Festzug halt, damit wir den kunstvollen Triumphbogen bewundern konnten, der auf Kosten der ausländischen Niederlassungen errichtet worden war. Seine Pfeiler waren aus einem üppigen Architekturgemisch von Säulen, Nischen, Grotten und Brunnen gebildet, um die sich Blumen rankten und aus denen goldener Rheinwein sprudelte. Auf dem Gesims über dem Rundbogen sang Apoll, von den neun Musen umgeben, zum Klang der Lyra ein Preislied auf Anna. Den Prachtbau überragend aber, wer grüßte da herab? Der kaiserliche Adler, die

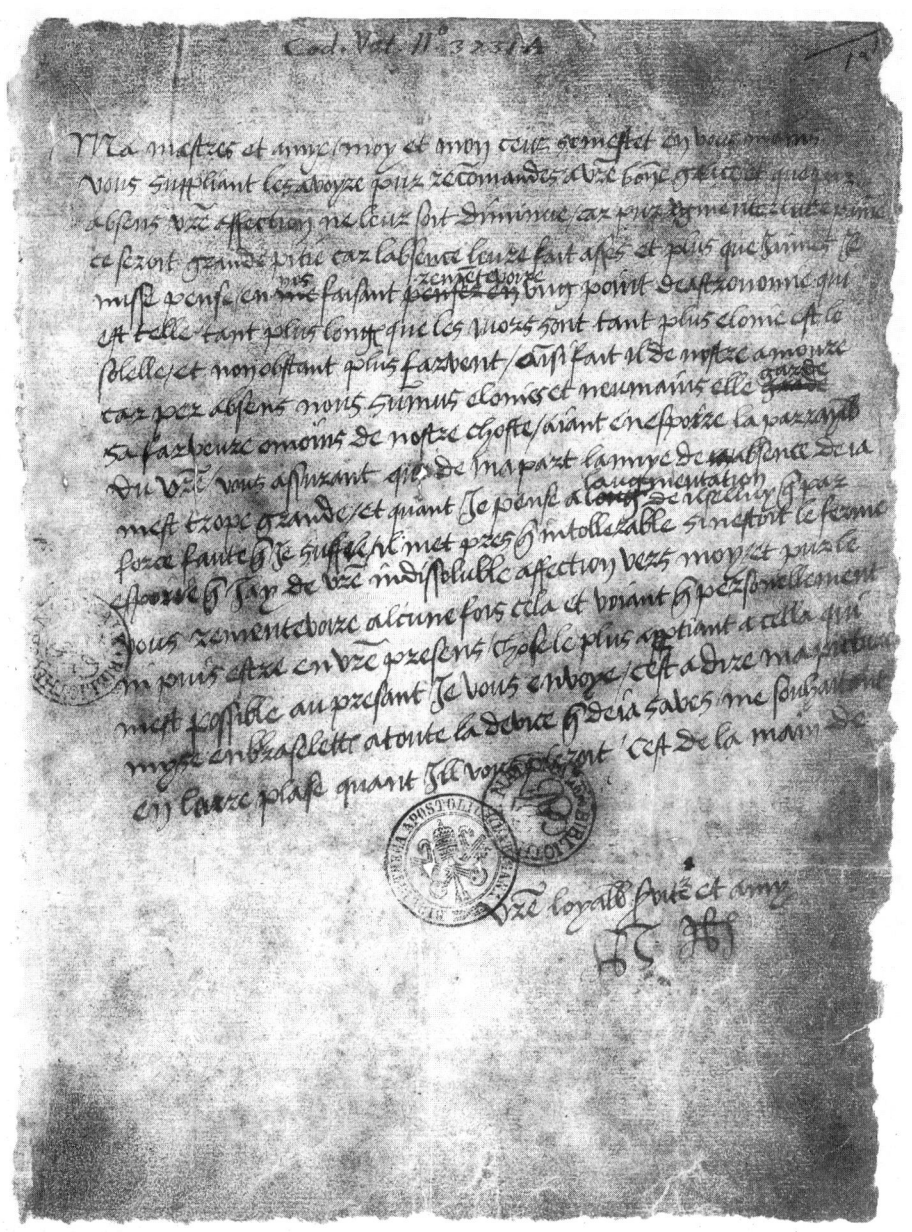

Der König in Amors Fängen:
Brief Heinrichs VIII. an Anna Boleyn.
Biblioteca Apostolica Vaticana

Noch ungetrübtes Glück:
Heinrich VIII. und Anna Boleyn.
Holzstich, um 1880, nach einem Gemälde von Carl Theodor von Piloty

Fittiche über die Wappenschilder von Kastilien und Aragon gebreitet! Darunter das Wappen der Tudor und zuunterst das des Marquis von Pembroke...« Anna übersah in der Hoffnung auf einen Thronfolger großzügig diesen Spott.

Auch der Erzbischof von Canterbury und die anderen Geistlichen und hohen Herren, die Anna in die Kirche geleiteten, wie der die Krone vor ihr hertragende Herzog von Suffolk und alle anderen Edelleute und Gemeinen, die dem feierlichen Akt der Krönung durch den Erzbischof beiwohnten, erwarteten einen Erben von ihr. Doch es war eine Tochter, der Anna am 7. September 1533 das Leben schenkte: Elisabeth, über die William Shakespeare 65 Jahre später in seinem »Heinrich VIII.« sagen sollte:

Wieder eine Tochter

Die Königin auf dem Schafott:
Hinrichtung Anna Boleyns.
Lithographie nach einem Gemälde von Eugene Deveria, 19. Jahrhundert

»Sie ist ein Muster aller Könige,
Geliebt, gefürchtet ... Segen wächst
   mit ihr,
in ihren Tagen ißt in Frieden jeder
unter dem eigenen Weinstock, was er
   pflanzte.
Des Friedens heitre Klänge tönen rings ...«

Anna wußte nur zu gut, daß einzig ein Thronfolger ihre Stellung bei König und Hof zu halten
in der Lage gewesen wäre. Doch das Schicksal
war ihr nicht hold. Heinrichs ungeteiltes Interesse an ihr war bald erloschen. Vorbei waren die
Zeiten, da er ihr selbstgedichtete und -vertonte
Lieder darbrachte. An die Worte ihres Lieblings-

Annas Stern sinkt

liedes – in freier Übersetzung etwa so lautend: »Wie die Stechpalme grünt und nie die Farbe wechselt, so bin auch ich und werde es ewig bleiben – meiner Dame treu«[54] – wollte der König längst nicht mehr erinnert werden. Bereits ein Jahr nach Annas Krönung wandte er sich einer neuen Mätresse zu: Margarete Shelton, einer Angehörigen der Gegenpartei Annas. Als eine weitere Schwangerschaft mit der Frühgeburt eines toten Sohnes endete (27. Januar 1536), wußte Anna, daß ihre Tage als Königin gezählt waren.

Bei einer Auflösung der Ehe wäre sie immer noch Marquise von Pembroke, begütert und nicht ohne Einfluß gewesen; außerdem hätte eine neue Scheidung die wahren Gründe der ersten gezeigt. Um sich ihrer zu entledigen, wurde sie deshalb des mehrfachen Ehebruchs mit Mark _Ehebruch?_ Smeaton, Henry Norris, Francis Weston und Eduard Brereton bezichtigt. Das Anklagedokument gegen Anna Boleyn führte auf, daß als erster Norris in Whitehall geschlechtlich mit ihr verkehrt habe, und zwar im Herbst 1533, daß heißt fünf Wochen nach der Geburt der kleinen Elisabeth, Weihnachten desselben Jahres habe sie ehebrecherischen Kontakt mit Brereton gepflegt, im April 1534 mit Smeaton in Whitehall als auch mit Weston im nachfolgenden Monat. Außerdem war sie der Blutschande mit ihrem _Inzest?_ Bruder George Rocheford sowie des Hochverrats und der Anstiftung zur Verschwörung gegen den König, des versuchten Giftmords am König und Giftmords an Katharina, die am 7. Januar 1536 in ihrem Verbannungsort Kimbolton in den feuchten Mooren von East Anglia an Wassersucht gestorben war, angeklagt. Weder die Schuld noch die Unschuld Annas sind je schlüssig bewiesen worden, so daß bis zum heutigen Tag viel Raum für Vermutungen und Spekulationen bleibt und auch genutzt wird.

Ein Sondergericht, dem nicht Geschworene, sondern Mitglieder des Hochadels, Bischöfe und geistliche Würdenträger angehörten, verurteilte Anna zum Tode. Am 17. Mai 1536 wurde das Todesurteil an den fünf mitangeklagten Männern vollstreckt. Am selben Tag erklärte Erzbischof Thomas Cranmer die Ehe Heinrichs VIII. mit Anna Boleyn für null und nichtig, so daß sie nicht als seine Frau das Schafott bestieg. Annas _Ein Henker_ Hinrichtung war für den folgenden Tag vorgese- _aus Calais_ hen. Da aber der eigens aus Calais herbeorderte Henker mit dem Schwert sich verspätete, mußte ihre Enthauptung auf Freitag, den 19. Mai, verschoben werden. In einem Überkleid aus grauem Damast, das tief ausgeschnitten und mit Pelz besetzt war, worunter sie einen karmesinroten Kittel trug, das Haar mit einem Perlenkopfschmuck versehen, stellte sie sich würdig ihrem Schicksal, den Segen des Himmels für ihre dreijährige Tochter erflehend. Der Kanonenschuß vom Tower Green um 9.00 Uhr kündete vom Ende Anna Boleyns. In der alten Schloßkirche von St. Peter, die sich in der äußersten Ecke des Festungsgeländes befand, wurde Anna begraben. Zu dieser Zeit befand sich ihre Tochter Elisabeth in Hunsdon in der Obhut Lady Bryans, die bereits Maria erzogen hatte. In einem Brief an Cromwell lobte sie Elisabeth als »so williges und liebes Kind, wie ich noch keines zeit meines Lebens gesehen habe«[55], und forderte Unterstützung für die Hofhaltung der kleinen Prinzessin, deren Schicksal doch recht ungewiß war.

Heinrich hatte den Hinrichtungstag ruhig verbracht: Auf der Haushaltsliste standen nur 44 Pfund und 12 Schilling, das niedrigste überhaupt in jenem Jahr. Am anderen Morgen verlobte er _Neue Hoffnung_ sich mit seiner neuen Favoritin, dem Hoffräulein _mit Jane_ Johanna (Jane) Seymour, die er am 30. Mai 1536 _Seymour_ in York Place, ebendort, wo er sich mit Anna Boleyn vermählt hatte, heiratete. Dieser Auser-

Geschenke für die Angebetete des Königs:
Becher, entworfen für Jane Seymour, deren Motto »Verpflichtet, zu gehorchen und zu dienen«
rund um den Deckel des Bechers eingraviert ist.
Zeichnung von Hans Holbein d. J.

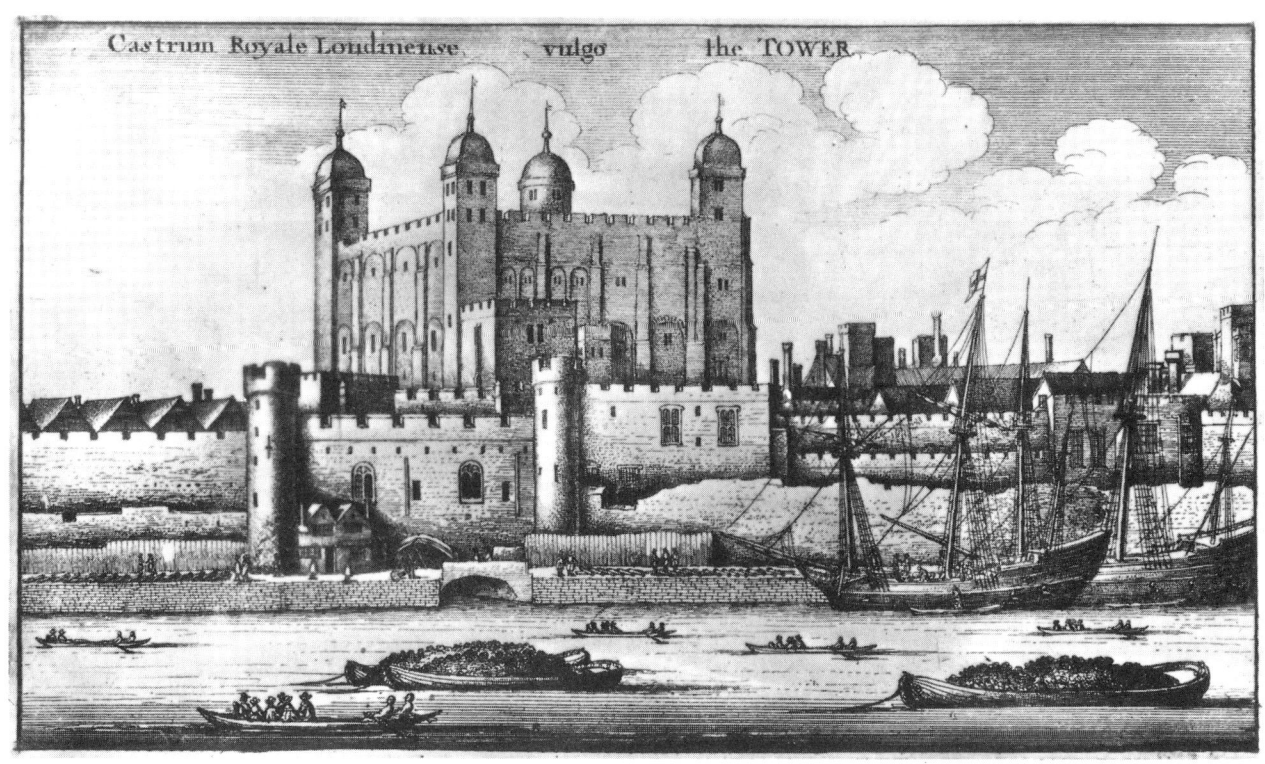

Das englische Symbol der Macht:
Ansicht des Towers von der Themse-Seite im 17. Jahrhundert.
Radierung von Wenzel Hollar, 17. Jahrhundert

wählten hatte er sich bereits im Sommer 1534 oder 1535 zugewandt. Vielleicht reizte Heinrich gerade der Gegensatz, denn Jane Seymour, Tochter von Sir John Seymour von Wolf Hall, war ein stilles, bescheidenes Mädchen aus Wiltshire. Aus den Zeiten Eduards III. hatte ihre Familie, die zu den vornehmen des Landadels zählte, einen Schuß königlichen Bluts in den Adern. Jane zeichnete sich durch ein ausgeglichenes Temperament und starke Zurückhaltung aus, aß gern gut (ihr Lieblingsgeflügel waren Wachteln) und war ein wenig sensibel. Zart gerundet und weich, mit blonden Locken um ihr

Kindergesicht, das sich bei jeder Gelegenheit mit einem rosigen Hauch überzog, wirkte sie immer ein wenig zerbrechlich und schutzbedürftig.

Im März 1536 sandte Heinrich der Fünfundzwanzigjährigen eine Börse mit Gold und einen höflichen Brief, worauf sie folgendermaßen reagierte: »Sie küßte den Brief, gab ihn aber dem Boten zurück. Sie fiel auf die Knie und sagte dem Boten, er solle vor Heinrich niederknien, seine Majestät beschwören, daß er bedenke, wie sie, eine adlige Dame aus guter und ehrbarer Familie, ohne Makel sei, daß sie kein größeres Gut besitze als ihre Ehre; daß sie, und müßte sie tausend Tode sterben, keinen Flecken daran dulden würde, und daß, wenn er ihr ein Geldgeschenk geben wolle, sie Gott bitte, es dann geschehen zu lassen, wenn sie einen günstigen Heiratsantrag erhalten habe.«[56] So nett sich diese Geschichte anhört – wahrscheinlich ist sie sogar wahr –, diente sie doch mehr dem Zweck, die Öffentlichkeit zu beeindrucken, denn bereits im Januar und Februar desselben Jahres war Jane Seymour keineswegs zu stolz, die von Heinrich übersandten Geschenke anzunehmen. Anna Boleyn soll ihre Nachfolgerin sogar auf den Knien des Königs sitzend angetroffen haben.

Die beiden Seymour-Brüder taten alles – im Einverständnis und Bündnis mit Maria –, um über ihre Schwester Jane ihren Einfluß bei Hofe zu mehren. Daß der Erfolg nicht ausblieb, belegte die Berufung Eduard Seymours, des älteren Bruder Janes, in die Privy Chamber im März 1536. Im Juni machte ihn Heinrich zum Lord Beauchamp, bei welcher Gelegenheit der Landbesitz der Seymours in Whiltshire aufgerundet wurde. 1537 stieg Eduard Seymour zum Earl of Hertfort auf.

Nach der Heirat Heinrichs mit Jane Seymour trat wieder Ruhe im Lande ein, abgesehen natürlich von den üblichen Rangeleien um die besten Posten, denn nun stand die Seymour-Familie in Gnade, während die Boleyns in den Hintergrund gedrängt wurden. Annas Vater zum Beispiel verlor das Amt des Lordsiegelbewahrers (das dann bald an Cromwell überging) und lamentierte über sein gesunkenes Einkommen. Sir Edward Seymour seinerseits wurde der einflußreichste Kammerherr, indem er in seiner Person die Posten von Norris, Weston und Brereton vereinigte.

Anders als Katharina, die »demütig und treu« zu ihrer Lebensmaxime erhob, oder gar Anna,

die »Die glücklichste Frau« sein wollte, fühlte sich Jane dazu verpflichtet, »zu gehorchen und zu dienen«. Heinrich war von ihrer Reinheit ebenso überzeugt wie von Annas Unmoral. In ihrer sanften Art schaffte sie es sogar, Heinrich zu bewegen, seine nunmehr zwanzigjährige Tochter Maria an den Hof zurückholen zu lassen sowie jene zu veranlassen, den Suprematseid zu leisten.

Geburt des Thronfolgers

Im März 1537 gab es ein öffentliches Te Deum, weil die Königin seit zwei Monaten schwanger war. Wiederum hoffte alles auf einen Knaben, und Janes Schwangerschaft beschäftigte den gesamten Hof. Heinrich selbst sagte alle Reisen ab, damit seine Gattin nicht durch ein Gerücht während seiner Abwesenheit in Gefahr geraten könnte. Am 12. Oktober 1537 wurde im Palast von Hampton Court ein Sohn geboren, der nach Heinrichs mütterlichem Großvater den Namen Eduard bekam. Ein Kaiserschnitt war nötig, um das zarte Kind zu retten.

Verschiedentlich wird berichtet, daß der werdende Vater zu dieser Zeit in Esher weilte. Da er sich vor der Pest fürchtete, soll er London verlassen haben, kaum ahnend, daß unweit von seinem momentanen Aufenthaltsort, in Croydon, täglich drei bis vier Menschen dem schwarzen Tod zum Opfer fielen. Da Heinrich jedoch geradezu krankhaft die Geburt eines Thronfolgers ersehnt hatte, dürfte er bei seiner Jane geweilt haben, um ihr und sich die Wartezeit zu verkürzen.

Glück und Leid

Der ganze Hof stand kopf ob der Geburt des Thronfolgers. Seine Stiefschwester Maria wurde seine Patin, während die kleine Elisabeth, getragen von zwei Lords, das Taufkleid hielt. Heinrichs Freude kannte keine Grenzen: Er hielt das Kind und weinte vor Feude. Doch diese wurde bald getrübt. Jane bekam Kindbettfieber und starb zwölf Tage nach der Geburt. Die Königin,

PARVVLE PATRISSA, PATRIÆ VIRTVTIS ET HÆRES
ESTO, NIHIL MAIVS MAXIMVS ORBIS HABET.
GNATVM VIX POSSVNT COELVM ET NATVRA DEDISSE,
HVIVS QVEM PATRIS, VICTVS HONORET HONO'S.
ÆQVATO' TANTVM, TANTI TV FACTA PARENTIS,
VOTA HOMINVM, VIX QVO PROGREDIANTVR, HABENT
VINCITO, VICISTI, QVOT REGES PRISCVS ADORAT
ORBIS, NEC TE QVI VINCERE POSSIT, ERIT.

Die männliche Thronfolge scheint gesichert:
Eduard, Prinz von Wales. Gemälde von Hans Holbein d. J., 1538/39.
Niedersächsisches Landesmuseum, Hannover

die aus dynastischer Sicht ihre Pflicht erfüllt hatte, blieb drei Wochen in Hampton Court aufgebahrt und wurde als einzige von Heinrichs Frauen mit Pomp und allen Ehren am 12. November in der Georgs-Kapelle von Windsor bestattet.

Inzwischen war alle Vorsorge getroffen worden, um den teuren Kronprinzen bei guter Gesundheit zu erhalten. Wer sich der Wiege des Knaben zu nähern wünschte, brauchte die schriftliche Genehmigung des Königs, selbst wenn es sich um einen Herzog handelte. Weil junge Leute als sorglos galten, wurden keine Pagen im Prinzenhaushalt angestellt. Kein Mitglied desselben durfte im Sommer von Hampton Court nach London gehen, um nicht womöglich die Pest oder ähnliche Unannehmlichkeiten einzubringen. Keine Vorsichtsmaßregel wurde ausgelassen um dieses einen Lebens willen, von dem doch Englands Zukunft abhing.

Als Eduard ein Jahr alt war, siedelte sein Haushalt nach Havering in Essex über und wurde 1539 nach Hunsdon House in Hertfordshire verlegt, von wo aus er dann nach Ashridge, in die Nähe von Berkhamsted kam, etwa 20 Meilen entfernt. Heinrich war stets hin- und hergerissen zwischen dem Wunsch, Eduard bei sich zu haben, um auf ihn aufpassen zu können, und andererseits zu sichern, daß ihn Landluft umgab und sein zartes Leben von Pest und anderen ungesunden Einflüssen verschont blieb.

In verzückter Erinnerung an die Zeit mit Jane hoffte Heinrich auf einen neuen Honigmond, weshalb seine Minister sich nach passenden Kandidatinnen umsehen sollten. Da England nichts zu bieten schien, lenkte man den Blick auf den Kontinent. Die Sache ließ sich jedoch schwieriger an als vorauszusehen, da sowohl persönliche als auch machtpolitische sowie Kavaliersfragen eine Rolle spielten. Der zweite An-

lauf, nach dem gescheiterten Versuch, Marie von Guise nach England zu holen – sie war eine große und stattliche Witwe, und Heinrich glaubte, eine große Frau zu brauchen –, galt der Herzogin von Mailand. Der sechzehnjährigen Christina, Tochter Christians II. von Dänemark, war jedoch von einem ihrer Gönner abgeraten worden, einen Mann zu ehelichen, dessen zweite Frau geköpft worden und dessen dritte durch Unachtsamkeit gestorben war. Christina lehnte aber auch aus politischen Gründen ab, so daß sich die Augen der englischen Heiratsvermittler nach Frankreich wandten. Doch auch aus diesem Unterfangen wurde nichts. Franz I. fühlte sich durch das Ansinnen Heinrichs brüskiert, alle fünf in Frage kommenden Damen nach Calais zu schaffen zwecks Beschau durch den heiratslustigen englischen König, auf daß sich dieser die beste aussuche. Der französische Gesandte gab zu verstehen, daß die Damen seines Landes nicht wie Pferde zu besichtigen seien.[57] Wahrscheinlich wäre ohnehin aus einer französischen Verbindung nichts geworden, da Franz I. kurz vor dem Abschluß eines Zehnjahresvertrages mit Kaiser Karl V. stand, welcher im Juni 1538 auch geschlossen wurde. Hinzu kam die Bulle Papst Pauls III. gegen Heinrich Ende 1538, die ihn entthronte und seine Untertanen von ihrer Untertanenpflicht entband. Heinrich hatte das Grab des englischen Nationalheiligen Thomas Becket geschändet, was ihm 24 Wagenladungen Wertgegenstände einbrachte. Zu diesem Zeitpunkt war für Franz I. ein Heiratsbündnis mit dem »unbarmherzigen und scheußlichen Tyrannen« in Whitehall, wie der im französischen Exil lebende Reginald Pole eiferte, nicht denkbar.

Die Suche Norfolks nach einer neuen Gemahlin für König Heinrich an den europäischen Höfen endete schließlich erfolgreich im deutschen

Sorge um den Thronfolger

Frankreich sperrt sich

Erneut auf Freiersfüßen

protestantischen Herzogtum Kleve. Heinrich beauftragte den in seinen Diensten stehenden Hans Holbein d. J. – von dem er bereits das Bildnis Christinas und anderer Damen erhalten hatte – Ende 1539, ihm ein Porträt Annas anzufertigen. Doch der Feststellung, daß das Konterfei von Mylady Anna »sehr lebensähnlich getroffen« sei, konnte sich Heinrich, als er ihr Anfang 1540 zum ersten Mal gegenüberstand, kaum anschließen. Er sperrte den Mund auf, so »erstaunlich überrascht und entsetzt« war er. 25 Jahre alt, in der behütenden Enge eines kleinen deutschen Hofes aufgewachsen, ersetzte sie die ihr fehlenden weiblichen Reize durch andere Tugenden, wie zum Beispiel meisterhaftes Sticken und Skatspielen. Sie sang nicht und spielte kein Instrument, denn in Deutschland war es ein Anlaß zum Tadel und ein Zeichen von Leichtfertigkeit, wenn hochgestellte Damen gebildet waren und etwas von Musik verstanden.

Die Episode Anna von Kleve

Heinrich wolle die »flandrische Stute« gleich wieder loswerden, was jedoch aus politischen Gründen unmöglich war. So mußte er sich fügen, und Cromwell hoffte, daß der König vielleicht doch noch umzustimmen war. Doch als er ihn nach der Hochzeitsnacht fragte, ob sie dem König nun besser gefiele, antwortete dieser: »Nein, Mylord, viel schlechter, denn nach Brüsten und Bauch zu schließen, ist sie keine Jungfrau mehr, als ich sie befühlte, traf mich das ans Herz, so daß ich weder Lust noch Mut hatte, das übrige zu erproben.«[58]

»Flandrische Stute«

Die Ehe ist wahrscheinlich nie vollzogen worden. Die Kammerherren wußten über verschiedene intime Details zu berichten, weshalb es im königlichen Schlafgemach so ruhig zuging. Anna wäre unansehnlich, ängstlich und gefühllos ob des Kolosses neben ihr, und da sie keine Anzichungskraft auf ihn auszuüben vermochte, konnte er nicht »provoziert und verleitet werden, sie fleischlich zu erleben«[59]. Heinrich war überzeugt, nicht impotent zu sein, und daß »er mit anderen könne, nur nicht mit ihr«[60]. Auch im Damengemach wurde ausgiebig über die Jungfernschaft der neuen Königin getratscht, und als dabei die Hoffnung auf eine Schwangerschaft geäußert wurde, verneinte Anna. Woher sie so sicher sei, da sie doch jede Nacht bei Heinrich läge, wurde sie gefragt. Darauf Anna: »Wieso nicht. Jeden Abend, wenn Heinrich zu Bett kommt, küßt er mich und sagt: ›Gute Nacht, meine Liebe‹, und morgens küßt er mich wieder und sagt: ›Mach's gut, Liebling‹, ist das nicht genug?«[61]

Wieder eine Scheidung

Sechs Wochen nach der Hochzeit begann der Scheidungsprozeß, der nach knapp zwei Monaten abgeschlossen war. Man trennte sich gütlich. Anna blieb in England als die »Schwester« Heinrichs und stand nach der neuen Königin und den Königstöchtern über allen englischen Ladies. Ihr wurden Richmond und das Manor Bletchingley überschrieben sowie ein ansehnliches jährliches Handgeld – die Angaben schwanken zwischen 500 und 4.000 Pfund – garantiert. Ihre Juwelen, Gobelins und ihr Tafelgeschirr durfte sie behalten. Zwar schrumpfte ihr Haushalt von 126 auf 15 Bedienstete, doch sie behielt ihre Vertrauten bei sich, und Richmond wurde zu einer kleinen rheinischen Provinz. Sie tat sicher gut daran, nicht wieder nach Kleve zurückzukehren, wo ihr Bruder sie garantiert mit einer neuen dynastischen Heirat bedrängt hätte. So lebte Prinzessin Anna von Kleve still und glücklich in freundschaftlichen Beziehungen zum König und seinen Nachfolgern bis 1557. Sie wurde in der Westminster-Abtei bestattet. Ihren »schönsten Edelstein« vermachte sie ihrer »teuersten und am meisten geliebten Hoheit Königin Maria« und Prinzessin Elisabeth ihren »zweitschönsten Edelstein«[62].

Heinrich brauchte eine neue Frau, und Norfolk verstand es geschickt, seine Nichte Katharina Howard ins Spiel zu bringen, gegen den Einspruch von Cromwell. Die Hochzeit mit der zwanzigjährigen Katharina – sie war einige Jahre jünger als Heinrichs Tochter Maria – in aller Stille am 28. Juli 1540 in Oatland sowie die Hinrichtung Cromwells in Tyburn am selben Tag ließen den Stern der Norfolks am englischen Hofe heller denn je erstrahlen. Katharinas Vater, Lord Edmund Howard, im selben Jahr wie der König geboren, war als jüngerer Sohn seinem älteren Bruder gegenüber, dem Erben des Herzogtums, benachteiligt und stets knapp bei Kasse. Wie viele in seiner Situation heiratete er eine vermögende Witwe, um seinen Finanzen auf die Beine zu helfen. Seine Frau, Joyce Leigh, mit Landbesitz in Kent, brachte vier Kinder in die Ehe und schenkte Edmund drei Söhne und fünf Töchter, wovon Katharina die dritte war.

Durch den Einfluß ihres Onkels hatte Katharina es zum Ehrenfräulein bei Anna von Kleve gebracht und acht Monate später zu deren Nachfolgerin als Königin. Doch es meldeten sich auch bald die Vertreter der Gegenpartei, die gegen Katharina Howard intrigierten, um Norfolk zu stürzen. Diese, nunmehr fünfte Frau Heinrichs VIII., seine jüngste und auch hübscheste, machte es ihren Gegnern auch nicht schwer. Sie nahm das Leben heiter und leicht. Sehr klein und von runden Formen, mit entzückend offenem Gesichtsausdruck, wußte sie den König mit ihrem koketten, munteren Auftreten zu bezaubern. Und Heinrich tat sehr verliebt. Er konnte weder vor Leuten noch zu Hause die Finger von seiner neuen Eroberung lassen. Er liebkoste sie »mehr als die anderen«. Der königliche Gemahl überschüttete sie mit Juwelen: Allein zu den Weihnachts- und Neujahrsfeiern 1540 überreichte er ihr einen quadratischen Schmuck, der 27 Tafeldiamanten und 26 Perlengruppen enthielt. Dazu bekam sie eine Brosche mit 33 Diamanten und 60 Rubinen, eingefaßt von Perlen. Ein Muff aus schwarzem Samt, mit Zobel verbrämt sowie mit 38 Rubinen und 572 Perlen besetzt, rundete die Gabe ab.

Der Hof lebte wieder auf; Turniere, Geselligkeit sowie kleine und große Tafelrunden brachten neue Farbe und Abwechslung in die höfischen Kreise, deren Zentrum die lebenslustige Katharina Howard bildete, von ihrem Gatten verwöhnt und ob ihrer Anmut vergöttert. Die Flitterwochen hatte das Königspaar auf Reisen verbracht, um die Sommermonate nicht im heißen London weilen zu müssen, wo es in jenem Jahr von Juli bis Anfang Oktober nicht geregnet hatte und sich mit der Hitze die Pest ausbreitete. Wie Marillac, der französische Botschafter, berichtete, folgte der König einem völlig »neuen Lebensstil, indem er um 5.00 oder 6.00 Uhr aufstand, um 7.00 Uhr die Messe hörte und dann bis zur Dinnerzeit, 10.00 Uhr, ausritt. Er sagte, er fühle sich auf dem Lande viel besser, als wenn er alle Winter in London weilt. «[63]

Doch seine Frau langweilte sich bald neben diesem Mann, der nicht gerade die Erfüllung eines Jungmädchentraumes von einem Adonis darstellte, sondern einen Fleischberg von 49 Jahren, mit geschwollenen Fingern, einem schwärenden Bein und Augen, die nie ganz offen, aber auch nie ganz geschlossen waren. Aber: Er war der König und liebte seine kleine Frau hingebungsvoll.

Katharinas Liebreiz waren jedoch vor der Verbindung mit dem König schon andere erlegen, wie zum Beispiel Francis Dereham, ein Gefolgsmann des Herzogs von Norfolk. Als Heinrich dies hinterbracht wurde, reagierte er nur mäßig und zeigte sich bereit zu verzeihen. Als ihr dann aber Ehebruch mit dem Kammerdiener Culpeper nachgewiesen wurde, waren die Tage der jungen Königin gezählt. Zunächst hatte Heinrich nicht glauben wollen, was Cranmer ihm über sie schrieb. Aber nach einem Gespräch im Haus des Bischofs von Winchester in Southwark kannte sein Zorn keine Grenzen mehr. Was er für eine blühende Rose ohne Dornen gehalten hatte, entpuppte sich als eine unechte Blüte an einem krebskranken Strauch, welk und verunstaltet trotz ihrer Jugend.[64]

Verbannt

Heinrichs Selbstwertgefühl war nie so angeschlagen wie in diesen Tagen, so daß er sich tagsüber auf die Jagd und abends zu seinen Musikanten flüchtete. Katharina wurde nach Syon House gebracht, das nach der Klosterenteignung den Seymours gehörte. Dort bekam sie mäßig möblierte Räume zugewiesen – mit eigenen Schlüsseln –, in denen sie vier Damen und zwei Kammerfrauen bedienten. Hier mußte sie sich mit wenig begnügen, und ließ ihren hysterischen Unmut über dies und alles an der Dienerschaft aus. Nach nur 18 Monaten Ehe – im Februar 1542 – wurde Katharina im Tower hingerichtet, an der gleichen Stelle, wo man ihre Cousine Anna Boleyn enthauptet hatte. Man mußte ihr helfen, das Schafott zu besteigen, und sie war zu erschöpft, um sprechen zu können. Es ist ziemlich unwahrscheinlich, daß sie gesagt haben soll: »Ich sterbe als Königin, aber ich wäre viel lieber als Culpepers Gattin gestorben.«[65] Vielleicht hätte sie eine Chance gehabt, wenn sie durch Culpeper schwanger geworden wäre und das Kind ihrem Angetrauten Heinrich als seines hätte unterschieben können.

Unter dem Schwert des Henkers

Dereham und Culpeper waren bereits im Dezember hingerichtet worden: Dereham, als Gemeiner, wurde gehängt, dann entsprechend der damals gängigen Verfahrensweise, der noch lebende Körper aufgeschlitzt, die Eingeweide und Gliedmaßen vor seinen Augen verbrannt und dann der Körper geviertelt. Culpeper, als Kammerherr, durfte durch das Schwert sterben. Die Köpfe beider wurden auf der London Bridge gepfählt. Diese, fünfte, Gattin Heinrichs VIII. wurde in derselben Kapelle wie Anna Boleyn und in deren Nähe bestattet.

Katharina Parr – eine Witwe als Königin

Im Sommer 1543, am 12. Juli, ließ Heinrich sich mit seiner sechsten Frau in der Kapelle von Hampton Court trauen. Diesmal hatte er solider gewählt. Katharina Parr – Tochter aus einem berühmten Rittergeschlecht und mit den Tudors verwandt – war bereits zweimal verwitwet. Mit 16 Jahren hatte sie den greisen verwitweten Lord Borough of Gainsborough geheiratet, dessen älteste Tochter um 14 Jahre älter war als sie selbst. Lord Borough galt als reich und wohlbegütert. Er starb bald nach der Heirat, und Katharina Parr vermählte sich mit knapp 20 Jahren mit dem Witwer John Neville Lord Latimer. Dieser war bereits zweimal verheiratet gewesen und brachte ein Reihe von Stiefkindern mit in die Ehe. Sie wohnten zusammen auf dem großen Gut in Yorkshire, von Wäldern und Parks umgeben. Katharina, die auf einem Normannenschloß, das sich wie eine Krone über den grünen Hügeln von Kendal erhob, aufgewachsen war und Lateinisch lesen und schreiben sowie Griechisch, Französisch und Italienisch gelernt hatte, erzog dank ihrer gelehrten Bildung mit viel Liebe und Geschick die Kinder ihres Mannes.

Gebildet und umsichtig

Mit 31 Jahren wurde sie erneut Witwe (1545). Von den Pflichten gegenüber den erwachsenen Stiefkindern entbunden und im Testament reichlich bedacht, führte sie ein Leben in vollständiger Unabhängigkeit. Sie hatte die »neue Lehre« angenommen und wurde Mittelpunkt eines strebsamen Kreise, dem unter anderen gelehrte Männer der Reformation wie Coverdale und Parkhurst angehörten. Jedoch galt Erasmus, nicht Luther, als ihr geistiger Mentor. Katharina fühlte sich stark von Thomas Seymour – Bruder der verstorbenen Königin und Onkel des Thronfolgers Eduard – angezogen, der wenige Wochen nach Latimers Tod um ihre Hand anhielt. Sie liebte den glänzenden Kavalier, wollte jedoch die Trauerzeit abwarten. Die Freundschaft zu Maria führte sie des öfteren an den Hof, wo sie Heinrich so beeindruckte, daß er sie zur Frau zu nehmen wünschte. Thomas Seymour erhielt das Oberkommando über die ersten Truppen, die dem neu verbündeten Kaiser zu Hilfe nach Frankreich geschickt wurden, und gelangte somit außer Reichweite.

Die Hochzeit mit Katharina Parr wurde mit wenig Pomp, sozusagen in Familie, gefeiert, auch die drei Kinder des Königs, Maria, Elisabeth und Eduard waren zugegen. Katharina heiratete den König – der inzwischen so dick war, daß es hieß, drei Männer starken Umfangs hätten mit Leichtigkeit in seinem Innern Platz – vor allem aus staatspolitischen Gründen. Klein von Gestalt, aber mit ausgeglichenen Formen, offenem, heiterem und blühendem Gesicht, wurde diese Frau dem König nicht nur eine geduldige Gefährtin und England eine weitsichtige Landesmutter, sondern den drei Kindern Heinrichs, Maria, Elisabeth und Eduard, eine gute Partnerin. Die neue Königin krempelte den Hof um, und es gelang ihr sogar, den Familienvater in Heinrich zu wecken. Sie sorgte dafür, daß Eduard, der, wie aus seiner eigenen Chronik hervorgeht, bis dahin »unter Frauen« aufgewachsen war, an den Hof kam, um auf seine späteren Aufgaben entsprechend vorbereitet zu werden.

Verehrt als Stief- und Landesmutter

Elisabeth, nun etwa zehn Jahre alt, freute sich ebenso über die Stiefmutter, die Interesse an ihr bekundete und zwischen Vater und Tochter zu vermitteln verstand. Katharina (»Kat«) Champernowne wurde Elisabeths neue Gouvernante und schuf auch die Grundlagen für eine gediegene Sprach- und sonstige Ausbildung. Kat heiratete John Ashley, und beide blieben bis zu ihrem Tod in Elisabeth's Diensten.

Elisabeth

Am meisten von Heinrichs Kindern war wohl die neue Königin der ältesten Tochter Maria willkommen. Siebzehn Jahre älter als Elisabeth, wurde sie von Katharina mehr als Schwester denn als Tochter behandelt, oft bedenkend, daß Maria durchaus im heiratsfähigen Alter war. Sie machte ihr häufig Geschenke oder gab ihr Geld, obwohl sie selbst knapp war. Doch Katharina leistete sich kaum Extravaganzen. Ihre einzige Schwäche waren Schuhe. So kaufte sie in einem Jahr für den eigenen Gebrauch 47 Paar.

Es muß schon eigentümlich ausgesehen haben, wenn der König seinen massigen gedunsenen Körper beim Spaziergang auf die zarte kleine Gestalt seiner Frau stützte. Alle Palastkonventionen in den Wind schlagend, ließ sie im Frühling 1544 – Heinrich war sehr krank – ihr Bett in einen kleinen Raum neben dem Schlafgemach ihres Gatten bringen, um ihm näher zu sein. Dies war um so wichtiger, als Heinrichs Leibarzt, William Butt, im Winter starb und Katharina Heinrichs Bein auf Anraten ihres Apothekers mit Salben und Tinkturen versorgte. Wahrscheinlich geschah es auch auf ihr Anraten hin, daß Heinrich sich eine Lesebrille mit goldenem Rahmen anfertigen ließ. Obwohl sie sehr viel Zeit zur Krankenpflege ihres Gatten opferte, fand Katharina immer noch Muße, an ihrem Buch, das später den Titel »Die Klagen eines Sünders« trug, zu schreiben. Bischof Gardiner soll versucht haben, Katharina Parr wegen ihres reformatorischen Glaubens zu stürzen. Jedoch stieß er bei Heinrich auf taube Ohren. Vielleicht hat auch der Tod Heinrichs nach nur vier Jahren Ehe sie vor einem gewaltsamen Schicksal bewahrt. Sie und Thomas Seymour nahmen Elisabeth zu sich und zogen nach Sudeley Castle.

MONARCH UND MINISTER

Nur vor dem Hintergrund, fähige Minister an ihrer Seite zu wissen,
kann das Wort Jean Bodins,
daß es »auf Erden nichts Größeres und Höheres
nächst dem allmächtigen Gott als die Majestät des Königs« gäbe,
seine Gültigkeit behaupten.

Die Herrschaftszeit Heinrichs VIII. war mit den Namen großer Männer verbunden, von denen sicher Thomas Wolsey, Thomas Morus und Thomas Cromwell – als würde der Vorname Thomas zu Größerem befähigen – besonders herausragen. In ihrer Position sehr eng an den König und an seine Politik gebunden, formten sie das Hofleben und die Gesellschaft in England mit und prägten – über ihre eigenen Tage hinauswirkend – ihre Zeit. Sie mußten jedoch auch alle drei in fast gleicher Weise Tribut zahlen: Eines natürlichen Todes starb keiner von ihnen. So paradox es klingen mag: Diejenigen großen Männer, die am intensivsten und erfolgreichsten am Aufbau des absolutistischen Staates in England mitwirkten (speziell Wolsey und Cromwell), sollten Opfer eben dieser absolutistischen Herrschaft werden.

Die Thronbesteigung Heinrichs VIII. verschaffte Thomas Wolsey auf Empfehlung von Bischof Richard Fox, der frisches Blut für notwendig erachtete, einen Sitz im Kronrat und den Posten eines Almoseniers. Wolsey stellte einen typischen Vertreter aus dem Bürgertum dar, der durch Fleiß und Fähigkeit den Aufstieg in die obersten Etagen der höfischen Gesellschaft be-

Aufstieg Thomas Wolseys

werkstelligte. Als Sohn eines Metzgers und Viehhändlers in Ipswich (diese Herkunft brachte ihm später den wenig schmeichelnden Namen »Fleischerhund« ein) geboren, schlug er schon als pfiffiger Schuljunge eine der wenigen aussichtsreichen Laufbahnen ein, die Söhnen einfacher Eltern offenstanden: die kirchliche.

Bereits mit 15 Jahren erreichte er das Bakkalaureat – den niedrigsten akademischen Grad in England – in Oxford und wurde Stipendiat und später Quästor am dortigen Magdalenen-College. Nachdem er als Kaplan von Erzbischof Deane, dem Vorgänger von Warham in Canterbury, seinen Mann gestanden hatte, wurde er 1507 als Kaplan und diplomatischer Unterhändler an den Hof Heinrichs VII. geholt. Bischof Fox von Winchester erkannte Wolseys außergewöhnliche Intelligenz und seine administrativen Fähigkeiten sowie die Bereitschaft zu harter Arbeit und führte ihn in die Geschäfte und die nähere Umgebung des neuen Königs ein.

Den Durchbruch in der Gunst Heinrichs, aber auch des Papstes, verschaffte sich Wolsey mit seinem Anteil am Sieg (besonders Verpflegung der Truppen, Organisierung von Nachschub, Erhaltung von Disziplin, Ordnung und Gesund-

Kopf und Hand des jungen Königs:
Kardinal und Staatsmann Thomas Wolsey. Kupferstich von Renold Elstrack,
16. Jahrhundert

heit) in der sogenannten Sporenschlacht über Frankreich im Jahre 1513. Papst Leo X. erhob Wolsey aus Dank für die Befreiung von der französischen Bedrohung 1514 zum Erzbischof von York und im folgenden Jahr zum Kardinal. Ebenfalls 1515 ernannte ihn Heinrich VIII. zum Staatskanzler.

Sieg in der Sporenschlacht

Doch es blieb nicht beim Kardinalshut, der im November 1515 nach London gebracht wurde »mit solch einem Triumph, als würde der größte Prinz der Christenheit an die Macht gelangen«[66], und dem Wollsack (dem Platz des Lordkanzlers im Parlament): 1518 wurde Wolsey päpstlicher Legat.

Die ersten fünf Jahre seiner Kanzlerschaft zählten als die erfolgreichsten. Er besaß die Gabe, die kompliziertesten und verwickeltsten Geschäfte mühelos zu durchdringen und, was noch schwieriger war, sie einfach darzustellen, so daß König Heinrich ihn bald als einziges Mitglied des Kronrates dazu bestimmte, ihm vorzutragen (eine Aufgabe, die vorher im Kronrat reihum ging). Die klare und übersichtliche Darlegung der Dinge durch Wolsey erleichterten Heinrich die Beurteilung und Entscheidung, prägte sie natürlich auch entsprechend vor.

Heinrich und sein Kanzler

England versuchte zunehmend stärker, am europäischen Mächtekonzert teilzunehmen. So

Myne awne good cardinall I recomande
me unto yow as hartely as hart can thynke /
so it is that by cause wryttyng to me is somewhat
tedius and payneful therfor the most part
off thes besynesses I have commytyd to our
trusty coseler thys berrar to be declaryd to yow
by mowthe to whyche we wolde yow shulde
yeff credens nevertheles to thys that
folowithe I thowght nott best to make hym
pryve nor non other but yow and I the whych
thys is that I wolde yow shulde make good
wache on the duke off suffoke on the duke
off bukyngam on my lord off northumbarland
on my lord off darby on my lord off wylshere
and others whyche yow thynke suspecte
to see what they do with thes newes no more
to yow at thys tyme but sapienti pauca
wryttyne with the hand off your lovyng
master Henry R

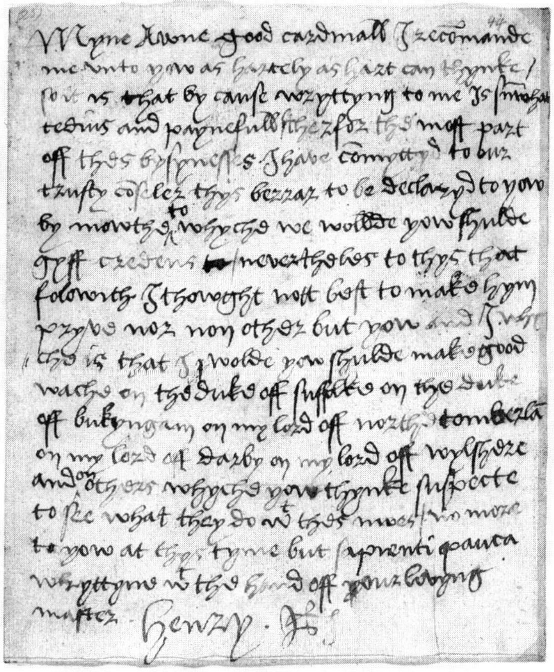

Der erste Minister in der Gunst des Königs:
Brief Heinrichs an Wolsey (1518?), in dem er ihm für seine Treue dankt. Aus: Add. 19398, fol. 44. British Library, London

gelang es, am 3. Oktober 1518 in der St.-Pauls-Kathedrale in London unter dem prächtigen Hochamt Kardinal Wolseys eine »weltweite und ewige christliche Allianz für den internationalen Frieden« zu schaffen. An diesem Treffen nahmen Heinrich VIII., alle weltlichen und geistlichen Machthaber des Landes sowie Beauftragte des Papstes und jedes größeren europäischen Hofes teil. Wolsey feierte die Bevollmächtigten mit einem Bankett, wie es »weder von Kleopatra noch von Caligula jemals gegeben worden ist; der ganze Bankettsaal prunkte von Vasen aus Silber und Gold«[67], wie es in einem Bericht von Giustinian heißt. Daß diese Allianz von Karl I.

Allianz für den Frieden

und Franz I. nur als Zwischenspiel gewertet wurde, zeigte bald das Gerangel um die Kaiserwahl 1519, an dem sich Heinrich beteiligte, das dann aber (vor allem mit Hilfe des Geldes der Fugger) zugunsten Karls ausging.

»Lager vom goldenen Tuch«

Sein Meisterstück lieferte Wolsey mit dem Königstreffen, das in die Geschichte eingegangen ist als »Lager vom goldenen Tuch« oder »Goldbrokatfeld« (Field of th Cloth of Gold; Champ du drap d'or). Auf diesem mehr als zwei Wochen dauernden Fest, das am 7. Juni 1520 (Fronleichnamstag) begann, sollten alle Streitigkeiten zwischen Heinrich VIII. und Franz I. beseitigt werden. Das Treffen war sicher auch mo-

tiviert durch den Glauben, die politischen Probleme Europas dadurch lösen zu können, daß sich die Monarchen am Konferenztisch trafen und ihre Kriege auf ritterlichen Sport reduzierten. Um ihren Entschluß zu solch einem Freundschaftstreffen nach außen kenntlich zu machen, hatten die beiden Monarchen beschlossen, sich bis zu seinem Stattfinden nicht zu rasieren. Aber seine erste Frau Katharina setzte Heinrich »mit Bitten zu und wünschte, daß er den Bart um ihretwillen abnehme«, was er auch tat. Diese leichtfertige Handlung drohte das geplante Treffen zum Platzen zu bringen, da Königinmutter Louise von Savoyen den Vertragsbruch tadelte. Doch ihr wurde schließlich erklärt, Heinrich habe aus Liebe zu seiner Königin so gehandelt und würde seinen Bart nun erneut wachsen lassen und bärtigen Angesichts auf seinem Schiff »Henry Grace of Gold« der Begegnung mit Franz zusteuern. War dieser Streit um des Königs Bart vielleicht ein Omen für die Beständigkeit des Vorhabens?

Um des Königs Bart

Dem Treffen selbst jedenfalls tat Heinrichs Nachgeben seiner Gemahlin Katharina gegenüber keinen Abbruch. Nicht verwunderlich: hielt doch Wolsey alle Fäden in seinen fähigen, enorm tüchtigen Händen. Er hatte eine ganze Armee von Zimmerleuten, Zeltmachern und Glasarbeitern »mit einem märchenhaften Gebilde halb Palast, halb Riesenzelt« vorausgeschickt zum Treffpunkt, einem neutralen Landstrich in der Nähe von Calais, im Grenzgebiet zwischen dem englischen Territorium und dem französischen Herrschaftsbereich. Eine Gruppe von »vier Hauszelten mit acht Sälen, Kabinetten, Garderoben und sogar einer Kapelle, deren Wände Glasfenster zierten«, ließ Wolsey in Guisnes errichten. Darum herum »gruppierten sich Hunderte von weißen, mit goldenen Sternen bestickte Zelte, die in der Sonne blinkten.

Wolsey als Picknick-Organisator

Innen waren sie mit den Tudorfarben weiß und grün ausstaffiert. Vom Dachfirst der Palastanlage und den Zeltmasten grüßten die buntbemalten 'royal beasts', Löwen, Hirsche, Drachen, Windhunde und Antilopen, die königlichen Wappenträger, wie sie in allen englischen Schlössern zu sehen waren.«[68] Die Glanzleistung aber bildete das Festzelt, dessen äußere Bemalung Mauerwerk vortäuschte und das wie die anderen mit gold- und silberdurchwirkten Stoffen in den Tudorfarben ausstaffiert war.

Mit mehr als 5.000 Männern und Frauen zog Heinrich in das Lager, in dem Wolsey, der »großartigste Picknick-Organisator aller Zeiten«, mit mehr als 700 Quartern (1 Quarter = 290 l) Weizen, 200 Schafen, 390 Rindern, 150 Fässern Wein, 590 Fässern Bier und ähnlichem für das leibliche Wohl vorgesorgt hatte.[69] Für uns heute im Zeitalter der Technisierung ist kaum nachvollziehbar, wie unter damaligen Bedingungen solch eine »Großveranstaltung« mit enormem Schauwert zu bewerkstelligen war.

Gegenüber, in Adres, hatte Franz I. sein Lager für die Königin, die Regentin, die Kardinäle und Konnetabeln wie für den ganzen französischen Hofstaat aufbauen lassen. In der flachen Bodensenke zwischen den beiden Lagern, im Val d'Or, befand sich ein prächtiger hoher Kuppelbau und etwas abseits ein riesiger Triumphbogen sowie eine weitläufige, von Tribünen umgebene Einfriedung, die den Turnieren dienen sollte. Ihre Sitze waren mit Seidensamt in den Farben der Könige beschlagen. Eine Augenzeugin, später Hofdame der Königin Anna Boleyn, berichtete weiter, daß am Morgen des 7. Juni eine unübersehbare schaulustige Menge sich auf dem Felde drängte. »Beide Könige brachen im gleichen Augenblick auf und ritten einander auf ihren Streitrossen entgegen. Heinrich VIII., von einer kleinen Anhöhe herabtrabend, in glänzender Rü-

FRANÇOIS I.
LVIIe Roy de France,
Mort à Rambouillet, le 30 Mars 1547, Apres 32 ans de reg.

Vorbild und Rivale Heinrichs VIII.:
Franz I., König von Frankreich. Stich von Etienne Fessard nach Antoine Boizot,
18. Jahrhundert

stung, gefolgt von den prächtig gewandeten Würdenträgern des Reiches, Rittern, Schildknappen und 400 Bogenschützen. Schweigen senkte sich über das Volk ... Nun erschien Franz I., Harnisch und Helmzier in der Sonne blitzend, von den Konnetabeln flankiert, nur das Schnauben und Stampfen der Rosse war zu hören, die Spannung fast unerträglich ... Dann galoppierten beide Monarchen, Stolz ihrer Nationen, mit gesenkten Lanzen aufeinander zu und zügelten in Sekundenschnelle ihre Pferde (sie waren nicht umsonst die besten Reiter ihrer

Heinrich und Franz – der Stolz ihrer Nationen

Zeit). Noch hoch zu Roß hoben sie gleichzeitig das federgeschmückte Barett, verneigten sich mit höfischer Anmut. Dann sprangen sie ab und gaben sich unter dem donnernden Beifall der Menge den Bruderkuß.«[70]

In einer provisorischen Kapelle in der Nähe des Turnierplatzes zelebrierte Wolsey am ersten Samstag das Hochamt. Bankette, Feste und Turniere folgten, konnten aber die in der Luft liegende Spannung kaum überdecken, da sich beide Seiten nicht trauten. Erst ein spektakulärer Auftritt des französischen Königs löste die Nervosität. Die Hofdame berichtete: »Eines Morgens erhebt er [Franz I.] sich früher als alle anderen und reitet, in einen schlichten Mantel gehüllt und nur von einem Pagen begleitet, zum Zeltlager der Engländer. Entzückt von dem gelungenen Streich, läßt er sich von den fassungslosen Wachen zum Schlafgemach des Königs weisen. Heinrich erwacht, als die Tür aufgeht und Franz auf der Schwelle steht. Schlaftrunken springt er von seinem Lager auf. War es ein Traum? Aber nein. Mit den Worten 'Betrachtet mich als Euren Diener' reichte ihm Franz Hemd und Wams. 'Betrachtet mich als Euren Gefangenen', antwortet Heinrich geistesgegenwärtig und von der Eleganz der Geste überwältigt. Mit diesen Worten nimmt er eine kostbare Kette von seinem Hals und legt sie dem französischen König um. Von diesem Tag an waren die beiden Könige Duzbrüder. «[71]

Diener und Gefangener

Es muß schon ein imposantes Bild gewesen sein, das diese beiden Renaissancefürsten boten. Denn nicht nur Heinrich, auch Franz war eine stattliche Erscheinung. Der englische Chronist Edward Hall schilderte ihn als »schönen Fürsten mit heiteren braunen Augen, einer starken Nase, kräftigen Lippen, breiter Brust und breiten Schultern, schlanken Beinen und langen Füßen«.[72]

Franz I.

Gut drei Jahre jünger als Heinrich, aus dem Hause Valois stammend und die zweite Nebenlinie (Orléans-Angoulême) einleitend, festigte Franz I. die absolutistische Staatsordnung in Frankreich. Er erweiterte die königliche Domäne, beseitigte die Reste der Selbständigkeit der Bretagne und sorgte mit dem Konkordat von Bologna 1516 für eine größere Verfügungsgewalt der Krone über das Kircheneigentum. Seine erste Frau, Claude de France, die er 1514 heiratete, schenkte ihm innerhalb von neun Jahren sieben Kinder (drei Söhne und vier Töchter), von denen jedoch nur zwei ihren Vater überlebten. Claude, diese seltsam korpulente, sanfte, leicht hinkende Frau, starb nach zehnjähriger Ehe. Ihr Sohn Heinrich folgte Franz I. 1547 auf den Thron. Franz war bis ins Alter ein stattlicher Mann. Marino Cavallo schrieb 1546 über Franz I.: »Seine Erscheinung ist durch und durch königlich, so daß man, auch wenn man nie sein Gesicht oder sein Porträt gesehen hätte, beim ersten Sehen sagen würde: Das ist der König! Jede seiner Bewegungen ist so nobel und majestätisch, daß es keinen solchen Fürsten weit und breit gibt. «[73]

Für Franz zählte das Goldbrokatfeld von 1520 wohl ebenso nur als Episode im Machtgeplänkel wie für Heinrich, denn zwei Jahre später lagen beide Länder bereits wieder im Krieg miteinander. Ein fürchterlicher Sturm zu St. Johannis während des Königstreffens im Val d'Or, der die Zelte losriß und ein heilloses Durcheinander anrichtete, konnte durchaus als Menetekel gewertet werden.

Ein Sturm als Omen

Dieses und ähnliche Spektakel ließen das Staatssäckel schrumpfen. Wolsey mußte immer neue Geldquellen ausfindig machen, um den durch Kriege und ständig wachsenden höfischen Aufwand steigenden Kosten begegnen zu können, denn der von König Heinrich VII. übernommene Staatsschatz war bald aufgebraucht. Doch sorgte der Kanzler stets dafür, daß er selbst nicht zu hungern brauchte. Ebenso wie der König liebte er Pomp, Geld, Luxus und Macht. Da er von Heinrich kein Salär bekam, mußte er sich anderweitig kümmern, was solch einem wendigen Politiker kaum Schwierigkeiten bereitet haben dürfte. Am Beginn seiner Laufbahn ständig in Schulden, weil über seine Verhältnisse lebend, näherte sich nach dem Goldbrokatfeld sein Einkommen allmählich dem betriebenen Aufwand. Wolsey war nämlich zum

Ein Renaissanceminister

Dank auf Heinrichs Wunsch von den Mönchen der Abtei St. Albans zu ihrem Abt gewählt worden, was reiche Einnahmen versprach. Nunmehr bezog er als Inhaber Einkünfte aus zwei Kirchensprengeln, sechs Stiften, einer Probstei, der Abtei St. Albans, den Bistümern Bath und Wells sowie dem Erzbistum York. Hinzu kamen Bezüge aus dem Bistum Westminster, da Wolsey als dessen Administrator fungierte, sowie aus den Bistümern Worcester und Salisbury, deren italienische Bischöfe sich außer Landes befanden.

Natürlich bildete ebenso die sich in seiner Hand befindende Besetzung nahezu aller wichtigen Staats- und Kirchenämter eine nicht zu unterschätzende Einnahmequelle. Wolsey war sich auch nicht zu schade, Bestechungsgelder von allen Seiten anzunehmen und trotzdem die Spender gegeneinander auszuspielen. Dieser »gutaussehende, außerordentlich beredte, ungemein begabte und unermüdliche Mann«, wie Giustinian ihn charakterisierte, war der reichste und mächtigste Untertan im Land, der so viele Geschäfte erledigte, »wie die Magistraten, Kanzleien, Zivil- und Kriminalgerichte Venedigs zusammengenommen«.[74] *Wolsey – der reichste und mächtigste Untertan*

So ist es nicht verwunderlich, daß sein Einfluß auf den König ständig wuchs. Die Welt nannte ihn König seines Königs (regem regis sui), und er selbst pflegte seine diplomatischen Noten mit den Worten zu beginnen: »Ego et rex meus« (Ich und mein König). Wolsey verband – wie sein König Heinrich – Macht mit Genuß. Neben den Renaissancefürsten trat der Renaissanceminister: gebieterisch, prunkvoll, literarisch und künstlerisch. Bei Prozessionen trugen die höchsten Priester im Amt zwei Kreuze aus Silber vor ihm her, das Doppelkreuz als päpstlicher Legat und das Kreuz des Bischofs von York. Es gab einen allgemein bekannten Witz, daß »diese beiden Kreuze zeigten, daß der Kardinal doppelt so viele Sün-

den zu bereuen habe wie andere Prälaten«[75]. Wolsey selber ritt auf einem Maulesel – Demut symbolisierend –, doch das Tier war mit kostbaren roten und goldenen Decken behängt. *Maulesel in Goldbrokat*

Auf der Haushaltsliste des Kanzlerkardinals standen etwa 500 Personen, viele durchaus bekannt und kompetent und Wolsey ergeben. Seine Dienerschaft trug eine eigene Livree, verziert mit dem Kardinalshut. Das Zölibat stellte für ihn (wie für viele andere auch) keine unüberwindbare Barriere dar, der fleischlichen Lust zu frönen, wobei er sich sogar zweimal in die illegitime Vaterschaft verirrte. Er sorgte jedoch mit ansehnlichen Pfründen für sein Fleisch und Blut.

Das Zölibat besaß vor allem deshalb seine Berechtigung, weil es ein Teilung des Kirchenbesitzes verhinderte. Konkubinen jedoch stellten etwas Alltägliches dar. Die Ehe mußte zwar abgelehnt werden, doch auf die Bettgenossin wollte kaum einer verzichten. Es wird von Ausschweifungen und Orgien berichtet, davon daß unzählige Klöster die betriebsamsten Bordelle waren und Kindsmord und Fruchtabtreibung in üppiger Blüte standen. Eduard Fuchs sieht diese Dinge ganz nüchtern: »Als Diener der Kirche gemäß der Entwicklung zum Genußmensch wurde, stellte er ebenso systematisch die kirchlichen Machtmittel in den Dienst seiner persönlichen Ausschweifung. «[76]

Wolsey war ein Kind seiner Zeit. Sein Haushalt übertraf in vieler Hinsicht den des Königs, zumindest was die Paläste und ihre Ausstattung anbelangte. Das großartigste Schloß, neben anderen auf dem Lande und dem erzbischöflichen in Westminster, ließ Wolsey bei Richmond an der Themse erbauen: das schon beschriebene Hampton Court, das noch heute steht. Nicht, daß Wolsey Sklave einer vulgären Selbstgefälligkeit gewesen wäre. Ausschlaggebend für all sein

Denken und Tun – ob Tafelgeschirr, Kleidung, Gobelins, Bilder, Gebäude, die Ausgestaltung einer Kapelle oder eines Platzes, Die Installierung einer Glocke oder das Arrangement für einen Kongreß – war immer derselbe königliche Hang am Schaffen, derselbe kraftvolle Griff nach den Dingen, egal ob groß oder klein.[77]

Pfeiler der Macht

Wolsey sah im Zeremoniell einen Pfeiler der Macht und zeigte sich in der Öffentlichkeit stets in vollem Prachtkleid: roter Kardinalshut, rote Handschuhe, Gewänder aus karmesin- oder scharlachrotem Taft, Schuhe aus Gold und Silber, mit Perlen und Juwelen besetzt. Er war der erste Kirchenfürst, der Seide trug und es verstand, »mitten durch die Verderbnis zu spazieren, eine wohlriechende Apfelsine in den juwelengeschmückten Händen«.[78] Kurz vor seinem Fall gab er ein Bankett für den französischen Gesandten. Dieser und seine 400 Köpfe zählende Begleitung wurden so reichhaltig und kostspielig in Wolseys Palast bewirtet und verwöhnt, daß sie sich vorkamen wie im »himmlischen Paradies«.

Sturz des schier allmächtigen Kanzlers

Die Norfolks

Wolseys Sturz wurde maßgeblich vom Herzog von Norfolk betrieben, dessen Familie von Anfang an eine geheime Feindschaft gegen Wolsey hegte. Die Norfolks waren die zweite der großen alten Herzogsfamilien, nachdem Wolsey den Herzog Buckingham (ältester Adel: Plantagenets), den ersten Anwärter auf den Thron bei einem eventuellen Sturz der Tudors, unter der Anklage auf Hochverrat hatte hinrichten lassen. Buckinghams Ländereien waren auf neun verschiedene Peers aufgeteilt worden. Kaiser Karl V., der von Wolseys Schuld am Tod dieses Blaubluts überzeugt war, soll erklärt haben: »Ein Fleischerhund hat den besten Bock in England zur Strecke gebracht.«[79]

Ein »Fleischerhund« gegen ein Blaublut

Die Tochter Buckinghams war mit dem jüngeren Norfolk vermählt. Nachdem der alte Herzog von Norfolk mit 82 Jahren verstorben war, hatte sein Sohn Thomas sogleich dessen Ämter und Ehren – verwaltender Herzog von Norfolk, Schatzmeister des Königs, erster Feldherr des Königlichen Heeres im Kriegsfall – sowie die ungeheuren Besitztümer übernommen. So wurde dieser Mann, eher klein von Statur, mit agilem Körper und dunklem Haar, als Oberhaupt seiner Familie zum unbestrittenen Führer des Adels. Er galt als freigebig und leutselig, beherrschte durchaus die Geschäfte und strebte nach mehr Macht und Einfluß. Der alte Norfolk hatte noch 1513 König Heinrich einen großen Dienst erwiesen, als er, während Heinrich sich in der Sporenschlacht Lorbeeren verdiente, auf Befehl Katharinas gegen die einfallenden Schotten zog und sie bei Flodden vernichtend schlug. Dabei wurde Jakob IV. getötet, so daß Heinrichs Schwester Margarete Witwe wurde.

Norfolk führte die Gruppe der Edelleute an, die gegen Wolsey intrigierten. Auch der Dichter Skelton, ein Schützling Howards, trug mit Gedichten dazu bei, den allmächtigen Kanzler und Kardinal zu stürzen. So schrieb er über Thomas Wolsey:

»Er treibt solchen Mißbrauch,
Daß am Ende
Alles in Verwirrung gerät.
Er ist so ehrgeizig
So schamlos und tückisch
Und so abergläubisch
Und er vergißt so sehr,
Woher er kam . . .«[80]

Mit solchen und ähnlichen Versen schürte Skelton den vielerorts anzutreffenden Haß gegen den übermächtigen Wolsey. Doch der Kanzler hatte bei seinem Gebieter so viel Kredit, daß es Norfolk zwar gelang, die Anklage bei Heinrich

Alter Adel im Kampf um seine Position:
Thomas Howard, dritter Herzog von Norfolk.
Als Zeichen seines Amtes hält er den weißen Stab des Lords der Schatzkammer in den Händen.
Gemälde von Hans Holbein d. J.
Royal Collection, London

einzubringen, so daß Wolsey 1529 entlassen wurde. Das Erzbistum York und viele irdische Güter wurden ihm jedoch belassen. 160 Pferde und 72 Karren waren nötig, um alles zum Sitz des Erzbistums zu schaffen. Heinrich hatte seinem Kanzler wohl vor allem vorgeworfen, in Sa-

chen Ehescheidung nicht forsch genug vorgegangen zu sein. Wolsey war nach altem Reichsgesetz angeklagt worden, dem Gesetz des »Praemunire«, das aus dem 14. Jahrhundert stammte Es richtete sich gegen jene Prälaten, die sich Rechte über den Staat anmaßten und, im Wider-

»Praemunire«

Der König in Sorge:
Heinrich VIII. sendet seinen Leibarzt zu Wolsey. Aus: Ms Douce 363, fol. 76r.
Bodleian Library, Oxford

spruch zum dem König geschuldeten Gehorsam, Rom gegenüber die Treuepflicht erfüllt hatten. Als Strafe sah es den Verlust aller Ämter, Güter, Besitztümer des für schuldig Befundenen vor und zugleich dessen Gefangenschaft, so lange, wie es dem König beliebte. Dieser ließ Wolsey auf dessen Bistum ziehen, wo ihn neuerlich der Ehrgeiz packte und er den Papst dazu aufgehetzt haben soll, Heinrich zu exkommunizieren.

Am 4. Oktober 1530 wurde Wolsey verhaftet. Auf der Reise zum Tower an Ruhr erkrankt, wurde er in der Abtei von Leicester auf ein Bett gelegt. Dort soll er die von George Cavendish überlieferten und von Shakespeare übernommenen Worte gesagt haben: »Wenn ich meinem Gott so eifrig gedient hätte wie meinem König, würde er mich in meinem weißen Haar nicht verstoßen.«[81] Er starb hier im Alter von 55 Jahren am 29. November 1530, seinen Wunsch, Papst zu werden (er hatte zweimal Anlauf genommen), unerfüllt mit ins Grab nehmend.

Wolseys Tod

Wolseys Ämter waren bereits bei seiner Entlassung aufgeteilt worden: Norfolk wurde Lord-

Thomas Morus

Präsident, Suffolk Vizepräsident des Kronrates, Boleyn Geheimer Siegelbewahrer. Das Amt des Lordkanzlers übernahm der Laie und Jurist Thomas More (Morus), dessen Unterschrift zwar ganz oben auf der Anklageschrift gegen Wolsey zu finden war, der sich jedoch sehr schwer tat, diesen Posten zu übernehmen, da er um die sich damit für ihn möglicherweise auftuenden Probleme und Schwierigkeiten durchaus wußte.

Lehrgeld bei König Heinrich VII.

Morus zählte, als er Lordkanzler wurde, bereits mehr als 50 Jahre. Er war 1478 – ein Jahr nachdem das erste gedruckte Buch in England erschienen war – in London als Sohn eines vermögenden Anwalts und prominenten Richters geboren worden, er studierte in Oxford klassische Literatur und in London die Rechte. Als Vertreter des Bürgertums 1504 ins Parlament gewählt, hatte er bald in einer Auseinandersetzung mit König Heinrich VII. Lehrgeld zahlen müssen. Im Unterhaus war er in einer Rede mit Erfolg gegen das Subsidienbegehren Heinrichs VII. aufgetreten. Ein Alter aus der gehcimen Kammer berichtete, daß ein »unbärtiger Gelbschnabel alle

Berühmte Zeitgenossen:
Erasmus von Rotterdam, Humanist und Weltbürger. Kupferstich

Seine Hoffnungen vernichtet hätte. Weswegen der König große Ungnade auf ihn warf ...«[82] Weil Morus selbst nichts besaß, hielt sich der König an dessen Vater schadlos, ließ ihn in den Tower sperren und 100 Pfund Strafe zahlen.

Fürderhin zog der junge Morus die einträgliche Anwaltspraxis der unsicheren Politik vor. Er ließ sich jedoch bereden, 1509 anstelle des hingerichteten Dudleys den Posten eines Untersheriffs in der City, daß heißt Altlondons nördlich der Themse, zu übernehmen. Damit stieg er zu einem der höchsten Richter des Landes auf, der durch seine schnellen und geschickten Prozeßentscheidungen nicht nur volkstümlichen Ruhm erntete. Nach seiner erneuten Wahl ins Unterhaus trat er seit 1515 als dessen Sprecher auf. Morus war von tiefer, nirgendwo herausgestellter Religiosität, die er sich wohl schon angeeignet hatte, als er als Page bei Erzbischof John Morton diente, der ihm katholische Glaubenssätze, Ehrlichkeit und eine heitere Frömmigkeit beibrachte. Erasmus von Rotterdam schrieb 1517 an Ulrich von Hutten über seinen Freund Thomas Morus: »Mittelgroß, Gesichtsfarbe eher frisch als bleich, Haar dunkelblond oder, wenn man will blonddunkel, Kleidung und

Erasmus über Morus

FAMILIA THOMÆ MORI ANGL: CANCELL:

Thomas Morus A° 50. Alicia Thomæ Mori uxor A° 57. Iohannes Morus pater A° 76. Iohannes Morus Thomæ filius A° 19. Anna Grisacria Iohannis Mori Sponsa A° 15. Margareta Ropera Thomæ Mori filia A° 22.
Elisabeta Dainea Thomæ Mori filia A° 21. Cæcilia Heroina Thomæ Mori filia A° 20. Margareta Giga Clementis uxor Mori filiabus Condiscipula et cognata A° 22. Henricus Patensoms Thomæ Mori morio A° 40.

An der Seite des Königs:
Der englische Humanist und Staatsmann Thomas Morus. Hier im Kreise seiner Familie.
Feder, Pinsel über Kreidevorzeichnung, Entwurf für ein Familienbild von Hans Holbein d. J.
Öffentliche Kunstsammlung, Basel

Auftreten schlicht, ein mäßiger Esser und Trinker, heiter, witzig, rasch lächelnd, immer zu Schabernack bereit: Er hielt sich einen Possenreißer, einen Affen und noch allerlei Getier, die Vögel flogen ihm zu, um gefüttert zu werden; ein getreuer Gatte, ein liebreicher und vergötterter Vater, ein überzeugender Redner, ein verständiger Berater, ein bereitwilliger Helfer und Wohltäter. «[83]

Wenn dieses Bild auch durch die Brille eines ihm Wohlgesinnten gezeichnet wurde, dürfte es doch weitgehend zutreffen. Beide Männer verband eine tiefe Freundschaft, die sich zuallererst aus der Übereinstimmung ihrer Anschauungen ergab. So waren sie sich einig in ihrer Ablehnung der Scholastik, da sie, wie Morus geäußert haben soll, ebensoviel Gewinn bringe wie das Melken eines Ziegenbocks über einem Sieb. [84]

Geist der Opposition:
Illustration zur Ausgabe der »Utopia«
des Thomas Morus.
Holzschnitt von Ambrosius Holbein, 1518

Wie aus einigen seiner Epigramme hervorgeht, hatte sich Morus viel von der Herrschaft Heinrichs VIII. versprochen. Vielleicht ist er deshalb entgegen seinen Grundsätzen, »daß die Philosophie unter Königen keinen Platz findet«,[85] 1517 Mitglied des Kronrates und 1521 Vizeschatzkanzler geworden – ein Amt, das laut Erasmus »in England sowohl mit grosser Ehre verknüpft, als auch sehr bequem vor dem Beutel zu seyn pflegte.«[86] –, von König Heinrich 1521 geadelt und mit heiklen diplomatischen Aufgaben betraut. In einem Brief an Fisher über seine Bestallung als Geheimer Rat bei Heinrich 1521 schrieb Morus: »Ich bin gänzlich wider meinen Willen nach Hofe gekommen ... Daher stelle ich mich auch hier so albern an, wie einer, der nicht reiten kann, auf eine üble und ungewisse Art auf seinem Sattel sitzend.«[87]

Dieser Aufstieg erscheint beinahe unverständlich für den Autor der »Utopia«, einer 1516 verfaßten kühnen und scharfen Kritik der bestehenden gesellschaftlichen Zustände, verbunden mit dem Traum von einer humanistischen, gerechten, fleißigen und toleranten Welt auf »Nusquama«, wie Thomas Morus die Insel ursprünglich nannte. Während des Druckes erst wurde daraus das griechische Äquivalent »Utopia«. Eingeweihte sind der Meinung, daß Heinrichs Latein doch nicht so brillant gewesen wäre, so daß ihm diese Schrift kaum zugänglich war. Sie wurde erst, nachdem sie schon in deutschen, italienischen und französischen Übersetzungen kursierte, 1551 ins Englische übertragen.

Heinrich und der Autor der »Utopia«

Etwas über drei Jahre lang bekleidete Morus das Amt des Lordkanzlers, zu dem er sich bereiterklärte, nachdem der König ihm zugesichert hatte, daß Morus zuerst Gott, dann erst ihm gehorchen sollte. Heinrich unterhielt sich nicht nur oft im Palast mit Morus – die Familie in Chelsea mußte ihn allzuoft entbehren –, sondern besuchte ihn auch im drei Meilen von London an der Wasserseite gelegenen Wohnsitz von Sir Thomas More. Er blieb dann auch gleich zu Tisch und spazierte anschließend wohl, den Arm freundschaftlich um den Gastgeber gelegt, in dessen Garten. Um nicht ständig bei Hofe bleiben zu müssen, gab Morus sich weniger kurzweilig und humorvoll. Wenn er den König auf Reisen begleitete, bekam er stets die delikate Aufgabe, auf die Begrüßungsworte, die an König und Begleitung gerichtet wurden, zu antworten, sowohl an den Universitäten in Oxford und Cambridge als auch beim König in Frankreich sowie bei Karl V.

Zwischen Heim und Hof

Daß das zu Beginn seiner Amtszeit mit dem König ausgehandelte Gentlemanagreement bei einem Monarchen wie Heinrich VIII. kaum auf Dauer einzuhalten war, erwies sich bald. Trotz aller Loyalität konnte dieser Lordkanzler nicht weiter dem immer maßloser werdenden Regime seines Königs dienen, ohne mit seinem Gewissen in Konflikt zu geraten. Er gab das Lordkanzleramt ab, um sich nicht noch tiefer in Problemen zu verstricken. Als seine Frau Alice (in zweiter Ehe, nachdem seine erste Frau früh gestorben war), die vom Temperament das ganze Gegenteil von ihrem Mann war und doch eine ganze Portion Volksweisheit und -witz ihr eigen nannte, von Morus' Demissionierung erfuhr, schalt sie ihn: »Tilli valli! Was wollt ihr denn nun vernehmen, Herr More. Wollt ihr Euch hinsetzen und Gänßchen in der Asche braten? Es ist besser zu regieren, als regiert zu werden!«[88] Wie sehr sie recht behalten würde, sollte sich bald erweisen, ganz abgesehen davon, daß sich die Familie jetzt stärker einschränken mußte und Morus' Kinder, bis auf die Familie seiner Lieblingstochter Margarete, auf ihre eigenen Güter zu ziehen gezwungen waren. Auch seine Barke konnte Morus nicht mehr bezahlen. Er verehrte sie mitsamt den acht dazugehörenden Bootsleuten seinem Nachfolger im Lordkanzleramt, Lord Audley. Morus brachte es nicht über sich (anderen hohen Persönlichkeiten, wie zum Beispiel Lord Shrewsbury, erging es ähnlich), an den Krönungsfeierlichkeiten für Anna Boleyn teilzunehmen. Er blieb zu Hause in Chelsea. Als es darum ging, das neue Thronfolgegesetz anzuerkennen, das Katharinas Tochter für illegitim erklärte und die Kinder von Heinrich und Anna Boleyn zu den wahren Thronerben erhob, war Morus zwar zu Zugeständnissen bereit. Aber er

Suprematseid

geriet dann doch wegen der Verweigerung des Suprematseides, dem Übergriff des Königs auf die Oberhoheit des Pontifex maximus, unter die Räder des Regimes. Morus war der Ansicht, daß dieses Statut entweder den Leib töte, wenn man ihm widerstrebe, oder aber die Seele, wenn man

Für eine englische Nationalkirche:
*Die Bibelübersetzung von Miles Coverdale ins Englische
stärkte nicht nur die Position der englischen Kirche gegenüber Rom,
sondern auch die Entwicklung des Nationalbewußtseins.
British Library, London*

ihm folge. Er zog es vor, die Seele zu retten, und viele Menschen, die über Morus redeten, »wußten nicht recht«, wie der Chronist Hall schreibt, »ob sie ihn einen närrischen Weisen oder einen weisen Narren nennen sollten«[89]. In Gedanken an seine bevorstehende Hinrichtung bereitete er ein Grab in der Kirche von Chelsea vor. Hier wollte er gemeinsam mit seiner verstorbenen Frau Jane zur letzten Ruhe gebettet werden, und auch für seine jetzige Frau Alice war dieser letzte Ruheplatz durch Morus mit den Worten bestimmt worden, daß »dieses Grab und der Himmel uns zusammenführen möge, so daß der Tod uns erlauben wird, was uns das Leben nicht bringen konnte«[90].

Hinrichtung eines »Hochverräters«

Lächelnd und mit dem Scharfrichter scherzend, begab sich Thomas Morus am 6. Juli 1535 zum Richtblock. Er ließ seinen ihm in der Towerhaft gewachsenen langen weißen Bart darüber hinabhängen, damit ihm nichts geschähe, es wäre schade, wenn er durchschnitten würde, meinte er, »der hat keinen Hochverrat begangen«[91]. Der eigentlich vorgesehene martervolle Tod war ihm durch die »Gnade« der Hinrichtung auf dem Block erspart geblieben. Sein Kopf jedoch wurde auf der London Bridge gepfählt.

Tochter Margarete kaufte ihn und ließ ihn herunternehmen, damit er nicht, wie die übliche Verfahrensweise war, den Fischen zum Fraß ins Meer geworfen wurde.

Ganz Europa erschauerte ob dieser Tat des englischen Königs. Karl V. äußerte dem englischen Gesandten gegenüber, der ihm die Mitteilung brachte: »Wären wir der Herr eines solchen Dieners gewesen, von dessen Tätigkeit wir selber viele Jahre hindurch nicht wenig erfahren haben, hätten wir lieber die schönste Stadt unseres Reiches verloren als einen solchen würdigen Ratgeber.«[92] Erasmus stöhnte, als er die Botschaft vom Tode Fishers und Morus' vernahm: »Mir ist, als sei ich mit ihnen selber gestorben.« (Die Papstkirche sprach beide 1935 heilig.)

Zwei Heilige

Zur Zeit der Hinrichtung lagen die Staatsgeschäfte bereits fest in den Händen von Thomas Cromwell. Morus hatte Cromwell, als dessen Laufbahn in des Königs Diensten begann, noch mit auf den Weg gegeben, dem König »immer zu sagen, was er tun soll, aber niemals, was er tun kann, ... denn wenn ein Löwe seine eigene Kraft kennt, wird es für jeden schwer, ihn zu führen«[93].

Thomas Cromwell

Cromwell, ein kluger Menschenkenner, weit weniger von seinem Gewissen geplagt als Morus, zeigte sich durchaus in der Lage, diesen wohlgemeinten Rat zu befolgen. Allerdings mußte er sich den Weg zu den Gipfeln der Macht mühsam erarbeiten und erkämpfen. Als Sohn eines Hufschmiedes und Tuchwalkers 1485 in Putney geboren, trennte sich Thomas Cromwell früh vom Elternhaus und versuchte sich als Glücksritter in Italien, wo er auch Handel und Bankwesen sowie die Staatskunst der Borgias kennenlernte. Nach einem Intermezzo als Geschäftsmann in den Niederlanden, befaßte er sich ab 1512 in England mit Tuchhandel, Geldverleih und Grundstücksgeschäften. Er erwarb juristische Kenntnisse, speziell im Gewohnheitsrecht (Common Law) und wurde Anwalt in London, wo auch bald Prominenz zu seinen Klienten zählte. Sein Sprachtalent kam ihm bei den Verhandlungen zugute. 1520 schloß er sich dem Haushalt Wolseys an, dem er auch nach dessen Sturz die Treue hielt und bei dem er, besonders was den Umgang mit Ordenshäusern und ihren klösterlichen Insassen anging, viele Lehren für die Zukunft sammelte. 1523 und 1529 wurde Cromwell ins Unterhaus gewählt,

Eine unglaubliche Karriere

ließ sich Ende 1530 als Mitglied des Kronrates vereidigen und gehörte Weihnachten 1531 bereits endgültig zum engsten Kreis der Ratgeber Heinrichs VIII., obwohl er unter den königlichen Beratern, die von guter Herkunft waren, als Parvenü mehr geduldet als gern gesehen war. Ab 1532/33 kontrollierte er die gesamte Regierungstätigkeit und vereinigte in seiner Person die wichtigsten Ämter, so daß er als Schatzkanzler wie ein erster Minister regierte. 1534 wurde er Staatssekretär, und als Heinrich ihn 1535 zum »Stellvertreter des Königs in kirchlichen Angelegenheiten« und 1536 zum Lordsiegelbewahrer ernannte, besaß Thomas Cromwell größere Machtfülle als Wolsey in seinen besten Zeiten. Mit einzigartigem Überblick und kompetenter Handlungsfähigkeit leitete Cromwell nunmehr die Außenpolitik, die Sternkammer und die Kirche. Seine Position wurde noch dadurch gestärkt, daß sein Sohn George die Schwester der dritten Gemahlin Heinrichs heiratete.

Untersetzt und kräftig, hurtig und unermüdlich, gegen Beleidigungen immun und elastisch, mit kalten Augen und plebejischen Händen, in seinem derben Realismus trotzdem witzig, inspirierte und realisierte er sowohl entscheidende Schritte der Reform der Administration und der Zusammenarbeit zwischen Monarch und Parlament (Reformparlament 1529–1536) als auch

Architekt der Reformation

Architekt der englischen Reformation:
Thomas Cromwell, der »Hammer der Mönche«. Kupferstich, 16. Jahrhundert

(und vor allem) die englische Reformation. Vom Parlament wurden nacheinander von Cromwell vorbereitete Gesetzesvorschriften verabschiedet, die die königlichen Befugnisse – sowohl Heinrichs als auch die seiner Nachfolger – enorm erweiterten. So legte der »Act of Appeals« (Appellationsgesetz), der Eckstein des gesamten Rechtsgebäudes, fest, daß das englische Königreich »allein von seinem Oberhaupt und König« regiert wird, wie die Präambel ausweist.

Lückenloses Gesetzeswerk Dieses Gesetz, das später die eindeutige Bezeichnung »Act of Supremacy« (Suprematsgesetz) erhielt, bestimmte die totale Herrschaft des Monarchen über die Kirche. Der »Act of Dispensation« (Dispensationsgesetz) entschied, daß nur in England die einzig gültigen Dispense für das Königreich erteilt werden konnten. Die traditionellen Zahlungen der Bischöfe bei ihrer Ernennung an die Krone (anstelle Roms) verankerte der »Act of Absolute Restraint of Annales«

(Gesetz über die vollständige Einbehaltung von Annalen) ebenso wie die Ernennung der Bischöfe durch den König. Ein weiteres Gesetz (»Act of the Submission of the clergy«) unterband die Appellation des Klerus an Rom und unterstellte die bisher getrennte Gesetzlichkeit der Kontrolle durch das übliche Landesgericht. Ständige finanzielle Einkünfte sicherte der Krone der »Act of First Fruits and Tenths« (Gesetz über die ersten Einkünfte und Zehnten). Er eignete die ersten Einkünfte von Bistümern der Krone zu und dehnte diese Zwangsabgabe auf alle geistlichen Pfründen aus. Ab Weihnachten 1535 wurde ein Zehntel von deren Nettoeinkommen als jährliche Steuer verlangt. Der »Treason Act« (Hochverratsgesetz) benannte es als hochverräterische Handlung, den König zum Ketzer und Thronräuber zu erklären, womit die Autorität des Papstes geleugnet wurde. Ergänzt durch den »Act of Succession« (Nachfolgegesetz), der die revidierte Rangfolge des dynastischen Erbrechts festhielt, existierte ein ganzes Paket von Verfügungen, die dem Monarchen zur Kirchenhoheit verhalfen. Außerdem wurde ein Eid fixiert, der gewährleisten sollte, daß nicht nur das Parlament die neue Ordnung billigte, sondern auch die Nation diese akzeptierte. Als Prüfstein politischen Gehorsams konnte man nun von hervorragenden Männern verlangen, auf die neue Erbfolge, aber auch auf den Supremat des Königs in der Kirche einen Treueid zu schwören.

Der eidverweigernde Morus war ebenso ein Opfer dieser Bestimmung wie der Bischof von Rochester und Kanzler der Universität Cambridge, John Fisher. Fisher, der 1469 in Berverly (Yorkshire) als Sohn eines Kaufmanns geboren wurde, in Cambridge studiert hatte und Beichtvater der Mutter Heinrichs VII. gewesen war, blieb als letzter Vertreter von dessen altem Kronrat. Er ging nicht mit der Zeit mit, wie etwa

Das Haupt für den Hut

Alte Schule: John Fisher

Wolsey, und hielt auch für einen Bischof den einfachen und frommen Lebensstil für angemessen, worüber er mit Wolsey in eine Kontroverse geriet. Er mischte sich nicht als Hofgeistlicher unter die Mächtigen, sondern sorgte, zumeist per Pferd reisend, aufopferungsvoll für seine Herde. Er pflegte allein in seinem nicht eben prunkvollen Palast in Rochester zu speisen, wobei ihm lediglich ein Totenkopf auf dem Tisch Gesellschaft geleistet haben soll, während ein Priester ihm gregorianische Bibelerklärungen vorlas. Als Matratze genügte ihm eine kahle Strohmatte, auf der ein hartes Segeltuch lag, darauf eine Bettdecke aus rotem Leinen. Als weltoffener, gleichzeitig unbeugsamer Katholik, der gegen staatliche Eingriffe in Kirchenangelegenheiten opponierte, zeigte er sich weder bereit, auf die neue Erbfolge noch auf den Supremat des Königs über die römische Kirche zu schwören. Das brachte ihm seit dem Frühjahr des Jahres 1534 den unfreiwilligen Aufenthalt im Tower ein.

Als Papst Paul III. ihn im Mai des folgenden Jahres zum Kardinal der heiligen römischen Kirche ernannte, konnte dies nur Heinrichs Todesurteil über Fisher forcieren. Am 22. Juni 1535, zwei Wochen vor der Enthauptung Morus', fand die Hinrichtung des sechsundsechzigjährigen John Fisher auf dem Towerhügel statt. Ein Augenzeuge beschrieb diesen Märtyrer als einen hageren, schlanken Mann, »der Haut und bloßen Knochen gleich, so sehr, daß die meisten, die ihn sahen, sich wunderten, wie ein Mensch so verzehrt sein könne und dennoch Leben in sich habe«.[94] Die Wut gegen diesen integren Mann entlud sich bei Heinrich nach der Exekution, als er den Kopf Fishers auf der London Bridge pfählen ließ, während der Körper fast nackt und ohne Haut einen vollen Tag im Freien liegenblieb, ehe er in Barking Abbey bestattet

ÆTATIS · SVE · 88

31 Ein Meister seines Fachs:
Dr. John Chambers
Mitglied der Gilde der Chirurgen und Barbiere.
Porträt von Hans Holbein d. J.
Kunsthistorisches Museum, Wien

32 **Die Welt hält den Atem an:**
Thomas Morus wird gefangen genommen (Szene im Vordergrund).
Im Hintergrund ist der Richtplatz mit der Hinrichtungsszene zu sehen.
Gemälde von Antoine Caron, um 1591.
Musee Municipal, Blois

33 Im Dienst der Tudorkrone:
William Warham, Erzbischof von Canterbury von 1504 bis 1532.
Gemälde von Hans Holbein d. J.
Musée du Louvre, Paris

34 Zwischen Himmel und Hof:
Nicolaus Kratzer, Hofastronom Heinrichs VIII.
Gemälde von Hans Holbein d. J.
Musée du Louvre, Paris

35 Die Kirche im Dienste der Krone:
Bischof Sherburne bittet Heinrich VIII., eine Urkunde zu bestätigen.
Gemälde von Lambert Barnard, 1519.
Cathedral, Chichester

36 Große Politik:
Treffen zwischen Heinrich VIII. und Kaiser Maximilian I. 1513 vor den Mauern von Thérouanne.
Gemälde eines unbekannten Künstlers (Detail), um 1540.
Royal Collection, London

Folgende Seite:
37 Diplomatisches Großereignis:
Das Treffen auf dem Goldbrokatfeld zwischen Heinrich VIII. und Franz I. 1520.
Die festgehaltenen unterschiedlichen Zeitebenen geben Auskunft
über den Ablauf der Begegnung. Gemälde wird Hans Roest zugeschrieben.
Royal Collection, London

38 Die Lebensstadien:
Bildnismedaillons von Heinrich VIII., zwei Lucas Hornebolte zugeschrieben,
um 1525, das dritte nach Hans Holbein d. J.
Royal Collection, London

wurde, folgendermaßen: »Den Hut (des Kardinals) hat der Papst geschickt«, so höhnte der König, »aber er wird den Kopf vergebens suchen, auf den er den Hut setzen wollte! Hut ohne Haupt – das Haupt für den Hut!«[95]

Heinrich schlug gleichermaßen gegen Katholiken wie gegen Protestanten. Erstere bestiegen Schafott und Scheiterhaufen, weil sie des Königs geistliches Supremat bestritten, letztere weil sie die katholischen Lehrsätze angriffen. So wurde der Greenwicher Minoritenabt 1537 wegen seiner Papsttreue in Ketten über ein Feuer gehängt und langsam zu Tode geröstet, während ein Jahr später der Protestant Lambert, weil er die leibhaftige Gegenwart Christi im Abendmahl bestritt, in Smithfield verbrannte.[96]

Ein neuer Primas: Cranmer

Nach Warham, der mehr als 50 Jahre der Krone gedient hatte – er starb 1532 – arbeitete Thomas Cranmer, seit 1532 Erzbischof von Canterbury und damit Primas von England, die neuen Dogmen aus. Als zweiter Sohn eines kleinen Adligen für die kirchliche Laufbahn vorgesehen, studierte er in Cambridge und gehörte zu der Gruppe von Theologen, die seit 1520 dort im White House Inn zusammentrafen, um Luthers Lehren zu studieren und zu diskutieren, und die zu Wegbereitern des Prostestantismus in England wurden. Hochgebildet verband er mit der Schmiegsamkeit des Geistes die Formen des Hofmannes. Trotz des in England für Priester geltenden Zölibats heiratete Cranmer, während er als Mitglied einer königlichen Gesandtschaft nach Deutschland reiste, heimlich die Nichte des Nürnberger Theologen Osiander d. A.

Ein Kompromiß in Glaubensfragen

Das unter seinen Auspizien 1536 erschienene sogenannte anglikanische Glaubensbekenntnis in 10 Artikeln stellte einen Kompromiß zwischen Katholizismus und Protestantismus dar. Besonders bedeutsam war die Verfügung, daß der Gottesdienst fürderhin in der Landessprache gehalten werden sollte und die Kinder das Vaterunser in ihrer Muttersprache beten durften. Die von Miles Coverdale in Cromwells Auftrag vorgenommene Bibelübersetzung stellte ebenfalls einen Schritt auf dem Weg zur nationalen Kirche und zur Stärkung des Nationalbewußtseins dar. Da Cromwell dafür sorgte, daß das von Norfolk eingebrachte »Statute of the Six Articles«, ein Gesetz zur Vereinheitlichung des Glaubens, das sich vor allem gegen das protestantische Bekenntnis richtete (sogenannte Geißel mit sechs Riemen), lasch oder als tote Urkunde gehandhabt wurde, konnten Cranmers Glaubenssätze Fuß fassen, wiewohl es ihm selbst an Festigkeit des Charakters mangelte, um als Reformator größeren Stils in die Geschichte einzugehen.

Die von Cromwell, dem »Zermalmer der Mönche«, durchgesetzte Konfiskation des Kirchenvermögens sowie die Abschaffung der Klöster bildeten die ökonomische Basis für die soziale und religiöse Umschichtung im henrizianischen England, die auch von den Nachfolgern König Heinrichs VIII. – das Intermezzo der Herrschaft Marias der Blutigen 1553 bis 1558 ausgenommen – akzeptiert wurden. Nachdem die letzten Klöster aufgelöst waren, belohnte König Heinrich VIII. seine Anhänger und Helfer, so zum Beispiel den Earl of Shrewsbury mit den Abteien von Buildwas, Combermere, Shrewsbury, Welbeck und Wilton sowie mit den Klöstern von Tutbury und Wenlock. Der Earl of Rutherland erhielt Beverly, Chartley Croxton, Garradon, Nunbarholme und Riveaul, die Perle unter den Abteien. Seinem Kanzler Cromwell und Grafen von Essex zeigte sich Heinrich unter anderem erkenntlich mit der Ernennung zum Ritter des Hosenbandordens.

Lohn für Treue

Dieser, nach dem Heiligen Georg auch Georgsorden bezeichnete höchste englische Orden, war 1350 gestiftet worden. Die Herren tru-

A View of the House of Peers, King Henry ij
VIII. on the Throne, the Commons attending.
Taken from a Drawing, order'd by the then Garter, now
in the Possession of John Anstis Esq.r Garter King at Arms.

A. Cardinal Woolsey.
B. Warrham Archbishop of Canterbury.
C. Bishops.
D. Abbots.
E. Barons.

F. Prior of S.t John of Jerusalem.
G. Earls.
H. Duke of Norfolk
I. Duke of Suffolk.
K. Garter.

Der absolute Monarch:

*Sitzung des House of Lords unter Vorsitz König Heinrichs VIII. Der anonyme Zeichner vermerkte im oberen Teil des Bildes
auch die Namen der wichtigsten anwesenden Personen. Kupferstich, 16. Jahrhundert.
Royal Library, London*

Zwischen Gehorsam und Auflehnung:
Der Erzbischof von Canterbury, Reformator und späterer Märtyrer Thomas Cranmer.
Portrait von Gerlach Flicke, 1546.
National Portrait Gallery, London

gen ihn als echtes dunkelblaues, samtenes Strumpfband unter der linken Wade, die Damen als Band am linken Oberarm. Ein geselliges Beisammensein am Hofe Eduards III. gilt als Ausgangspunkt für die Entstehung des Ordens. Als dieser König in Windsor Castle mit Joan, der Gräfin von Salisbury, tanzte, löste sich das Strumpfband der Dame und fiel zu Boden. Als der galante Monarch es aufhob, lachte die fröhli-

che Gesellschaft und neckte ihn. Darüber ungehalten, rief Eduard: »Honi soit qui mal y pense!« (Ein Schelm, der Arges dabei denkt!), hielt das Strumpfband der Lady in die Höhe und erklärte, daß er es bald zu Englands höchstem Ehrenzeichen erheben würde. Die Statuten dieses berühmten Ordens – The Order of the Garter – stellte der König selbst auf. Die Mitgliedschaft in ihm blieb begrenzt auf den Souverän und 25

Hosenbandorden

Ladies und Gentlemen. Außer ausländischen Prinzen, die durch Wahl zum Orden gehören konnten (wie zum Beispiel 1523 der Bruder von Karl V., Ferdinand, oder 1527 König Franz I.), waren zur Regierungszeit Heinrichs VIII. 45 Untertanen Ritter des Hosenbandordens geworden. Nur durch Tod oder Unehre konnte ein Platz in diesem Orden freiwerden.

Heinrich hielt sehr viel auf seine Ritter und hat während seiner Regierungszeit insgesamt 740 seiner Gefolgsleute zu Rittern geschlagen. Die Ernennung zum Ritter des Bathordens war an die Krönungsakte gebunden, das heißt an den Vorabend der Krönung, wenn die neuen Ritter in der Kapelle des heiligen Johannes im Tower wachen mußten. So wurden zur Krönung Heinrichs VIII. 27 und zur Thronerhebung Anna Boleyns 18 Ritter ernannt. Zumeist band König Heinrich die Erhebung in den Ritterstand an erwiesene militärische Tapferkeit. Im Jahr von Flodden und der Sporenschlacht schlug er 203, im nächsten Jahr niemand und im folgenden Jahr 1515 nur zwei zu Rittern. Es gab aber auch andere bemerkenswerte Jahre, da ein »friedlicher« Ritterschlag vollzogen wurde, wie 1529 zu Wolseys Fall (40), 1533 zu Anna Boleyns Krönung (28 in Ergänzung zur Ernennung zum Ritter des Bathordens) oder 1538 nach der Pilgerschaft der Gnade (48). Bis auf den heutigen Tag hat sich im traditionsbewußten England der Hosenbandorden als die ehrenvollste Auszeichnung erhalten. Alljährlich im Juni bewegt sich – in traditionellen Trachten und unter dem linken Knie das blaue Strumpfband, auf dem die Devise »Honi soit qui mal y pense« in über 400 Diamantsplittern ausgeführt ist – die Prozession der KGs (Knights of the Gather – Ritter des Hosenbandordens) zur Georgs-Kapelle.

Untrennbar mit dem Orden war die Einrichtung der »armen Ritter« verbunden. Für jedes Ordensmitglied mußte ein verarmter Ritter täglich zur Messe gehen und für ihn beten.

Cromwell jedoch konnten weder Gebete noch die Erhebung zum Ordensträger Immunität verleihen gegenüber seinen Widersachern aus höchsten Kreisen (Norfolk an der Spitze). Seinen Versuch, den Protestantismus zu vollenden und ein Bündnis mit den lutherischen und deutschen Staaten einzugehen, nutzten Aristokraten und katholische Hofkreise, um ihn – unter der Anklage der Ketzerei und des Hochverrats – zu stürzen. Am 10. Juni 1540, einem Samstag, wurde Thomas Cromwell, der »Architekt der Reformation«, vom Hauptmann der Garde aus einer Sitzung des Kronrats heraus verhaftet. Norfolk nahm dem verblüfften Cromwell mit Vergnügen die Ehrenzeichen ab, während jener in unglaublichem Zorn und Ärger den Hut auf den Boden warf. Cromwell kannte seine wichtigsten Widersacher und hatte stets versucht, Bischof Gardiner und Norfolk vom Hof fernzuhalten. Nunmehr blieb einzig Erzbischof Cranmer, der sich beim König für Cromwell einsetzte. Er schrieb in einem Brief an Heinrich, daß Cromwell »für das Gemeinwohl das beste getan hat und niemand ihn anklagen könne, willentlich etwas falsch gemacht zu haben«[97]. Cranmers Intervention fand keinen Erfolg.

Am 28. Juli 1540 wurde Cromwell hingerichtet. Noch einmal, 100 Jahre später, in der englischen bürgerlichen Revolution, sollte ein Mann gleichen Namens erneut die Welt aufhorchen lassen: Oliver Cromwell – der Ururenkel der Schwester Thomas Cromwells – als Reorganisator der Armee, Führer der Independenten in der Revolution und Lordprotektor der englischen Republik.

Heinrich VIII. hat keinen Nachfolger für Thomas Cromwell gefunden und wurde fürderhin sein eigener Chefminister.

EIN FAHLES ABENDROT

Wiewohl Heinrich auf ein erfülltes Leben,
das er in vollen Zügen genossen hatte,
zurückblicken konnte,
blieb doch in Gedanken an die Thronfolge
ein leichtes Bangen in seinem Herzen.

Mit den Jahren war Heinrich fülliger und unbeweglicher geworden. Zwei Unfälle hatten überdies dafür gesorgt, daß sich Turnier- und Jagdleidenschaft abkühlten. Bei einem Kampf mit seinem Schwager Charles Brandon versäumte es Heinrich, sein Visier herunterzulassen, so daß ein Lanzensplitter durch seinen Helm dringen konnte. (Daraufhin schwor Brandon, nie wieder gegen den König antreten zu wollen.) Ungeachtet dessen setzte der König den Kampf noch weitere vier Gänge fort, wohl um zu beweisen, daß die Verletzung ohne Bedeutung für ihn sei. Ein weiteres Unglück ereignete sich auf einer Beizjagd zu Fuß. Die Stange, mit deren Hilfe der König einen breiten Graben zu überspringen beabsichtigte, brach. Er blieb mit dem Kopf zuerst im Schlamm stecken, aus dem ihn erst Diener befreien konnten.

Wichtigste Ursache für seine »vollschlanker« werdenden Körperformen war neben großer Völlerei, mangelnder Bewegung und zunehmendem Alter sicherlich ein Geschwür am Bein, das erfolgreich der ärztlichen Kunst jener Zeit widerstanden hatte und über dessen Entstehung verschiedentlich bereits 1516, aber ausführlicher seit etwa 1528 berichtet wird. Die Chronisten

Glück im Unglück

Freßsucht gegen Langeweile

vermuteten mehrheitlich Syphilis, aber auch von Krampfadern oder Osteomyelitis (eitrige Knochenmarksentzündung) wird geschrieben. Heinrich litt zunächst periodisch, dann ständig unter starken Schmerzen, die ihn zunehmend jähzornig, gereizt und unberechenbar werden ließen. Es gab für ihn wenig Abwechslung. Es machte ihm kaum noch Vergnügen, zum Maifest wie alle anderen in den Wald zu ziehen. Seine Gewohnheit, spätabends verkleidet in der City umherzuwandern, um zu sehen, wie die Büttel und die Wachen ihre Pflicht erfüllten, lebte lediglich noch in Erzählungen. Für Jagden und Turniere war Heinrich zu alt und zu unbeweglich, die Laute rührte er kaum noch an, in der Liebe hatte es auch mehr Rückschläge als glückliche Stunden gegeben. So sollte seine einzige Erheiterung in ausgedehnten Mahlzeiten bestehen. Doch auch hier setzte die Neigung, Bauchgrimmen zu bekommen, natürliche Grenzen. Kein Wunder, daß bei solch einer Lebensweise der König förmlich »aus dem Leim ging«.

An Reiten war kaum noch zu denken. Ab 1545/46 wurde er im Stuhl oder in der Sänfte umhergetragen, wenn seine Beine den Dienst versagten. Eine Inventarliste über Möbel im Palast

Völlerei und Bewegungsarmut hinterließen ihre Spuren:
Altersbildnis Heinrichs VIII. Kupferstich von Cornelius Massys, 1544

gibt Auskunft über die beiden Spezialstühle, »trams« genannt, »in denen seine königliche Majestät sitzt, um sie zu und von seinen Galerien und Gemächern zu tragen, überzogen mit gelbbraunem Samt, überall vergoldet . . .«[98] Ob es tatsächlich Winden, Seile und Flaschenzüge gegeben hat, die der Überwindung von Höhenunterschieden dienten[99], ist nirgends belegt. Da sämtliche Gemächer des Königs in allen Residenzen im ersten Stock lagen, sogar sein Kirchstuhl, hatte er keine Veranlassung, solange er nicht hinauswollte, hinauf- oder hinabzusteigen. Vielleicht gebot es auch die Höflichkeit, daß Diplomaten oder andere Berichterstatter sich solcher Äußerungen, die von der Untauglichkeit des königlichen Bewegungsapparates zeugten, enthielten. Tatsache bleibt, daß Heinrich noch um 1546 seine übliche Herbstreise unternahm und im September beim Windhundrennen zuschaute. Es muß jedoch schon eine große Anstrengung für ihn selbst und seine Dienerschaft bedeutet haben, wenn er, wie wohl im August 1546 noch geschehen, auf den Rücken eines Pferdes zu steigen wünschte.

Mit dem Ende des Jahres neigte sich auch König Heinrichs Leben. Ihn peinigte das sich ständig verschlimmernde Geschwür, Fieberanfälle schwächten seinen Leib, den geschwollenen, mit Ringen überladenen Fingern entfiel die Feder. Ein Stempel mit seinem Namenszug wurde angefertigt, um damit Beschlüssen Gesetzeskraft zu verleihen.

Der ganze Hof ging auf Zehenspitzen, ohne daß die verschiedenen Parteien es versäumten, sich um ein gutes Plätzchen nach dem absehbaren Tod Heinrichs zu balgen. Sie wußten nur zu gut, daß es darauf ankam, Macht über den Prinzen of Wales, den kränkelnden Eduard, zu erringen, um entsprechenden Einfluß am Königshof zu nehmen. Einer, der am lautesten Anspruch erhob, war Edward Seymour, Earl of Hertford, Heinrichs Schwager und Onkel des jungen Eduard. Mit bemerkenswerten Leistungen im Felde und als Diplomat hatte er seine aus verwandtschaftlichen Gründen bestehende Anwartschaft untermauert. Ein anderer neuer Mann war John Dudley, Viscount Lisle und Sohn jenes Dudley, den König Heinrich zu Beginn seiner Herrschaftszeit dem Volkszorn geopfert hatte. Vor allem die geschickte Leitung der Flotte im Krieg gegen Frankreich 1546 hatte ihm zu Ansehen verholfen. Wie Chapuys urteilte, zeigten sich diese beiden Männer als »die einzigen Edelleute, die alt und begabt genug waren, sich um Staatsgeschäfte zu kümmern«.[100] Der alte Norfolk und vor allem sein ältester Sohn Henry, Earl of Sur-

rey – in dem der überspannte Prahlhans mit dem edlen Dichter rang – besaßen keine Chance. Henry Howard hatte sich in Überschätzung seiner Stellung bei Hofe zu weit vorgewagt. Im Gespräch mit anderen Edelleuten verkündete er, daß nur sein Vater beim Tod Heinrichs befugt sei, die Vormundschaft über Eduard und das Protektorat über das Königreich zu übernehmen. Gleichzeitig ließ er gemeinsam mit dem Wappen der Howards das königliche Wappen der Plantagenets das Schloß seines Vaters in Norfolk schmücken. Diese Hoffart kam ihn teuer zu stehen. Im Dezember 1546 in den Tower gebracht, wurde Surrey Mitte Januar enthauptet. Sein Vater – sich dessen bewußt, daß »niemand im Rat ihn liebte, weil sie alle selbst keine geborenen Adligen waren«[101] – entging demselben Schicksal lediglich dadurch, daß König Heinrich, der am 27. Januar 1547 die Hinrichtung Norfolks genehmigt hatte, noch für ihn rechtzeitig das Zeitliche segnen sollte.

Die Ärzte hatten längst erkannt, daß das Fieber, das den König schüttelte, tödlich war. Doch wagte niemand, dies auszusprechen, denn laut Parlamentsakte war die Prophezeiung des Ablebens des Monarchen Hochverrat. Doch Heinrich selbst hatte bereits zu Weihnachten erkannt, daß die Tage seines irdischen Daseins gezählt waren. Er ließ sein nicht eben gleichmäßig verlaufenes Leben noch einmal vor seinem geistigen Auge Revue passieren, wog wohl auch diese oder jene seiner Entscheidungen einmal mehr, ohne jedoch das rechte Maß zu finden. Insgesamt war er mit sich zufrieden und fand sich in sein unvermeidliches Schicksal ruhiger, als seine Diener es für möglich gehalten hätten.

In einer der wenigen schmerzarmen Stunden der letzten Wochen gedachte Heinrich auch wiederholt seiner Lebensgefährtinnen, wobei folgende Verse entstanden sein sollen:

Norfolk in Ungnade

Hertford und Lisle

Schlußrechnung

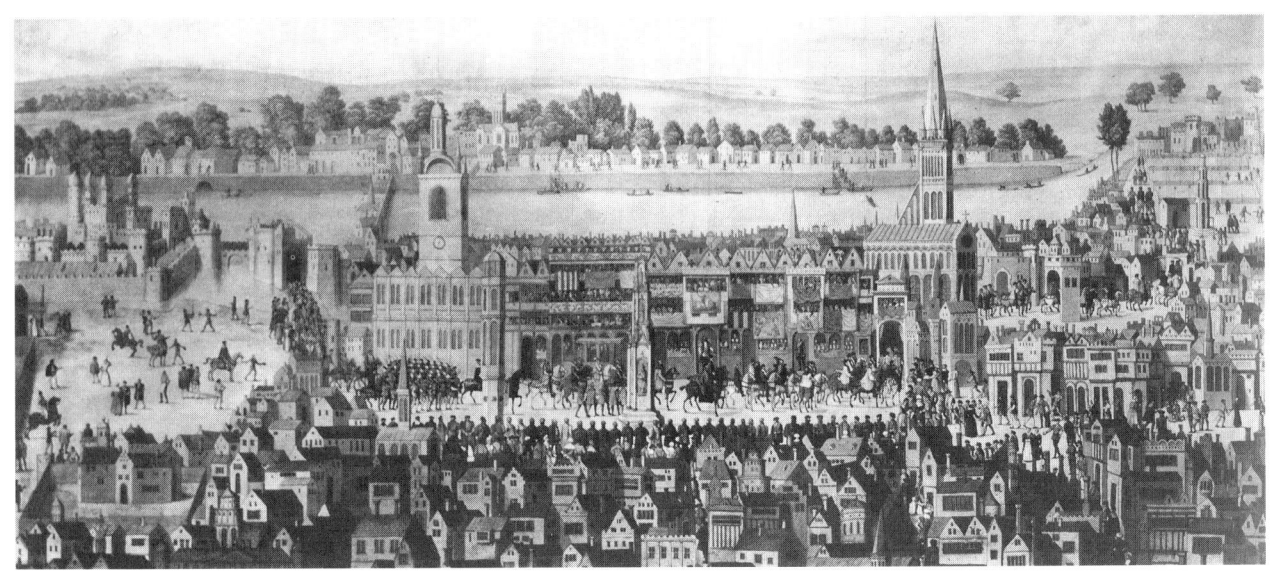

Der König ist tot – es lebe der König:
Vedute der Stadt London mit dem Krönungszug König Eduards VI. am 28. 2. 1547. Gemälde.
Guild Hall(?), London

»Drei Katharinen, zwei Annen und eine Jane
　　freite ich;
Eine Spanierin, eine Deutsche und vier
　　englische Weiber.
Von zwei ließ ich mich scheiden, zwei ließ ich
　　enthaupten;
eine starb im Wochenbett und eine wird mich
　　überleben. «[102]

Im Januar 1547 rief er seine Tochter Maria zu
sich und bat sie, »sich wie eine Mutter um ihren
kleinen Bruder, da er noch klein sei«[103], zu kümmern. Weder Eduard noch Elisabeth hatten
Heinrich in seinen letzten Stunden gesehen, da
sich der Sohn, inzwischen neun Jahre alt, in Ashridge aufhielt und Elisabeth, gut 13 Jahre alt, im
Palast von Enfield.

In seinem Testament vertraute Heinrich das
Königreich und seinen Sohn Eduard einem Re-
gentschaftsrat an, von dem die Extremisten der
katholischen Partei ausgeschlossen waren. Edward Seymour und John Dudley würden in diesem Gremium unvermeidlich den Ton angeben,
wiewohl alle seine Mitglieder als gleichberechtigt galten. Nicht einer der aus dem »neuen«
Adel stammenden 16 Herren des Rates hatten einen Titel, der auch nur bis zu Beginn des Jahrhunderts zurückreichte.

Auf dem Thron sollten Sohn Eduard und dessen Kinder, dann Maria und deren Kinder, sodann Elisabeth und deren Kinder und schließlich
die Kinder Heinrichs Schwester Maria folgen.

Am Abend des 27. Januar 1547 fand der erste
Kammerherr des Königs, Sir John Denny, den

Mut, seinen Gebieter zu mahnen, er möge sich auf den Tod vorbereiten. Auf die Frage, ob seine Majestät gelehrten Beistand wünsche, schickte Heinrich nach Cranmer. Dieser erschien um Mitternacht, den kalten Hauch der Themse mitbringend. Dicht am Ohr Heinrichs die Frage stellend, ob Heinrich im Glauben an Christi stürbe, soll der König Cranmer lange und kräftig die Hand gedrückt haben. Um zwei Uhr morgens, am Freitag, dem 28. Januar 1547, verschied Heinrich VIII., König von England, im Alter von 55 Jahren und sieben Monaten im Palast von Westminster. 37 Jahre und acht Monate hatte er das Königreich regiert.

Cranmer am Sterbelager

Erst drei Tage später teilte Lordkanzler Wriothesley den beiden Häusern des Parlaments mit, daß der König tot sei. Inzwischen war über den Herzog von Norfolk entschieden worden: Der Tod blieb ihm, dem ersten Peer und ältesten Staatsmann des Landes, erspart, doch wurde er sicher im Kerker verwahrt.

Gemäß seinen im Testament festgelegten Wünschen wurde die sterbliche Hülle Heinrichs VIII. an der Seite Jane Seymours in der Georgs-Kapelle von Windsor bestattet. Alle Straßen waren gefegt und einige verbreitert worden,

Hof und Nation nehmen Abschied

um dem meilenlangen Trauerzug einen weihevollen Rahmen zu geben. Der Wagen mit dem Sarg des toten Königs wurde von acht schwarzen Pferden, verhüllt von langen schwarzen Decken, gezogen. Drei Bischöfe standen am Burgtor zum Empfang bereit. Der Kapellenchor sang Trauerlieder, während 16 Gardisten den Sarg in die Kapelle zogen, wo Höflinge drei weiße Stäbe zerbrachen. Auf den Straßen erklang bereits der Ruf.

»Vive le noble roi Edward!«

Er, der »Neue Apoll«, wie Heinrich seinen Sohn gern nannte, mit seinen neun Jahren ein zartes und anfälliges Kind, war ganz nach seiner Mutter Jane Seymour geraten. So sehr Heinrich es auch gewünscht hatte, Eduard sollte es nicht vergönnt sein, in die Fußtapfen seines Vaters zu treten, um den von jenem zur Blüte geführten Renaissancefürstenhof zu vervollkommnen und für die englische Nation einen vorderen Platz unter den übrigen europäischen Mächten zu behaupten und zu festigen. Das sollte erst seiner Schwester Elisabeth gelingen, die nach dem Intermezzo der Herrschaft der »blutigen Maria« (1553–1558) dem englischen Königshof zu Weltgeltung verhalf.

STAMMBAUM HEINRICHS VIII.

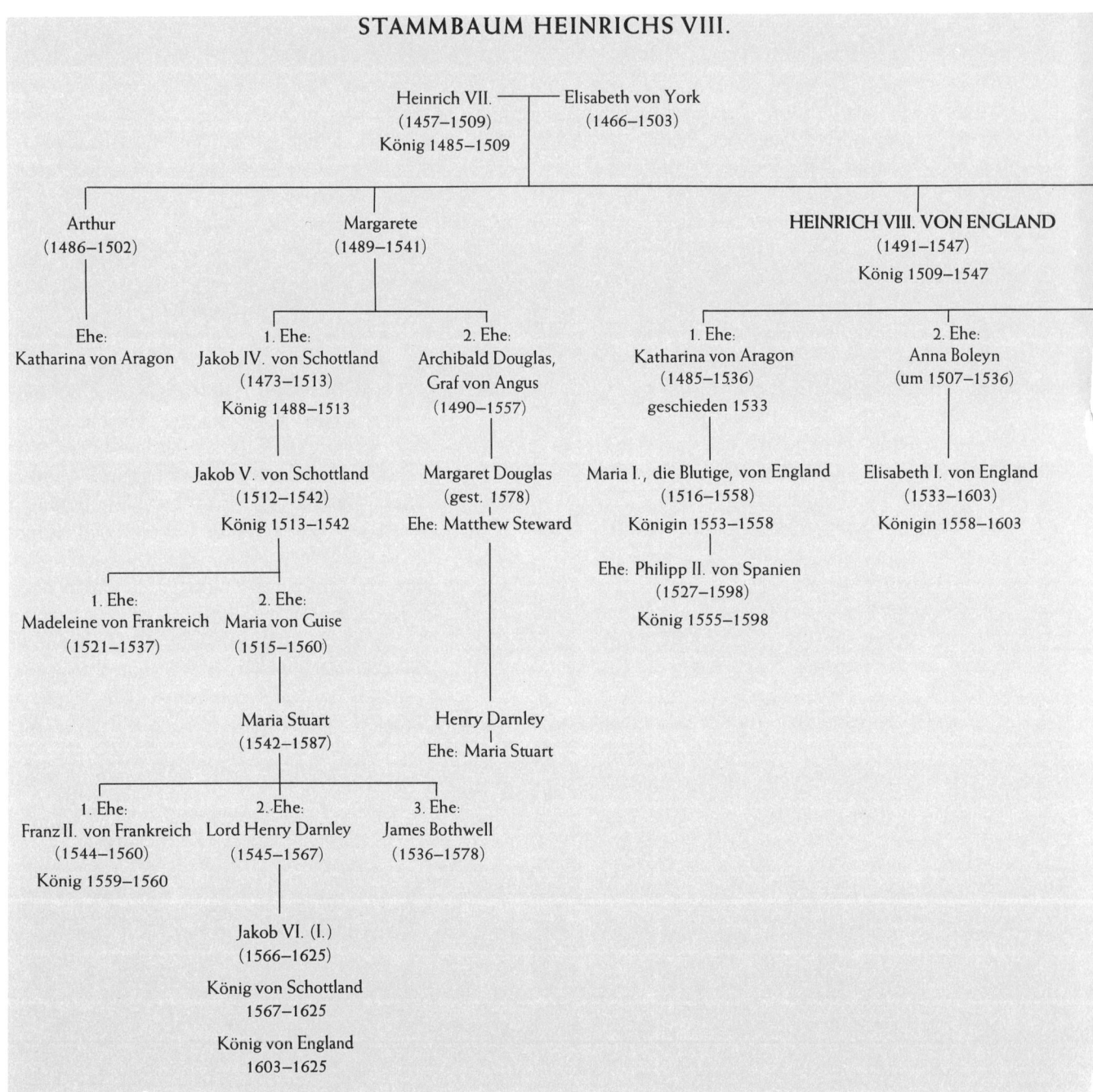

Heinrich VII.
(1457–1509)
König 1485–1509

Elisabeth von York
(1466–1503)

Arthur
(1486–1502)

Margarete
(1489–1541)

HEINRICH VIII. VON ENGLAND
(1491–1547)
König 1509–1547

Ehe:
Katharina von Aragon

1. Ehe:
Jakob IV. von Schottland
(1473–1513)
König 1488–1513

2. Ehe:
Archibald Douglas,
Graf von Angus
(1490–1557)

1. Ehe:
Katharina von Aragon
(1485–1536)
geschieden 1533

2. Ehe:
Anna Boleyn
(um 1507–1536)

Jakob V. von Schottland
(1512–1542)
König 1513–1542

Margaret Douglas
(gest. 1578)
Ehe: Matthew Steward

Maria I., die Blutige, von England
(1516–1558)
Königin 1553–1558

Elisabeth I. von England
(1533–1603)
Königin 1558–1603

Ehe: Philipp II. von Spanien
(1527–1598)
König 1555–1598

1. Ehe:
Madeleine von Frankreich
(1521–1537)

2. Ehe:
Maria von Guise
(1515–1560)

Maria Stuart
(1542–1587)

Henry Darnley
Ehe: Maria Stuart

1. Ehe:
Franz II. von Frankreich
(1544–1560)
König 1559–1560

2. Ehe:
Lord Henry Darnley
(1545–1567)

3. Ehe:
James Bothwell
(1536–1578)

Jakob VI. (I.)
(1566–1625)
König von Schottland
1567–1625
König von England
1603–1625

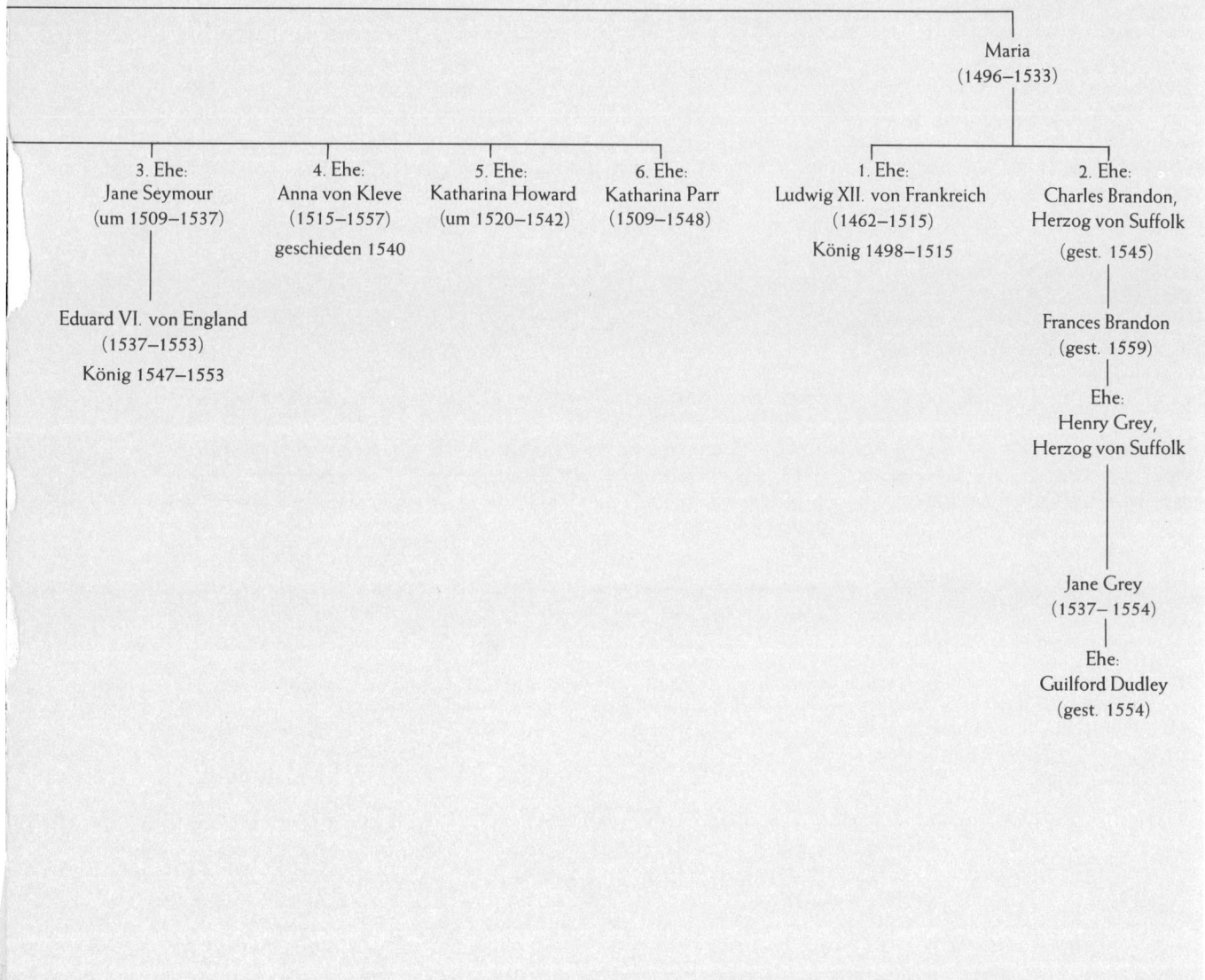

Maria
(1496–1533)

3. Ehe:
Jane Seymour
(um 1509–1537)

4. Ehe:
Anna von Kleve
(1515–1557)
geschieden 1540

5. Ehe:
Katharina Howard
(um 1520–1542)

6. Ehe:
Katharina Parr
(1509–1548)

1. Ehe:
Ludwig XII. von Frankreich
(1462–1515)
König 1498–1515

2. Ehe:
Charles Brandon,
Herzog von Suffolk
(gest. 1545)

Eduard VI. von England
(1537–1553)
König 1547–1553

Frances Brandon
(gest. 1559)

Ehe:
Henry Grey,
Herzog von Suffolk

Jane Grey
(1537– 1554)

Ehe:
Guilford Dudley
(gest. 1554)

ZEITTAFEL

Zeitgenossen und Ereignisse	Hofchronik	Kunst, Kultur und Wissenschaft
1491 (30. 12.) Kapitulation Granadas: Ende der maurischen Herrschaft in Spanien.	1491 (28. 6.) Geburt Heinrichs VIII. als 3. Kind (2. Sohn) des englischen Königs Heinrich VII. Tudor und seiner Frau Elisabeth von York im königlichen Schloß zu Greenwich.	
1492 (25. 7.) Papst Innozenz VIII. gestorben. (11. 8.) Alexander VI. (Rodrigo Borgia) wird Papstnachfolger	1492 Heinrich erhält die Titel des »Connetable der Burg zu Dover« und des »Schutz-Martin Beheim konstruiert den ersten Globus.	1492 (Okt.) Christoph Columbus erreicht die Bahamas (San Salvador), Kuba und Haiti. Martin Beheim konstruiert den ersten Globus. (Sept. / Nov.) Columbus erreicht Dominica, Puerto Rico und Guadalupe.
1493–1519 Maximilian I. Kaiser des Heiligen Römischen Reiches. 1493 (2. 6.) Vertrag von Tordesillas: Aufteilung der Welt in spanische und portugiesische Interessenssphären.		
	1494 Heinrich wird »Herzog von York« und »Statthalter von Irland«.	1494 (2. 5.) Columbus erreicht Jamaika.
1495 (7. 8.) Verkündung des »Ewigen Landfriedens« auf dem Reichstag zu Worms.	1495 Heinrich wird »Markgraf der nördlichen Grenzlande« und »Ritter des Hosenbandordens«.	1495 Erste Papierfabrik in England errichtet. Erstes Trockendock in Portsmouth.
1496 Handelsbündnis zwischen Philipp dem Schönen und König Heinrich VII.		
1497 Englisch-schottischer Waffenstillstand.		
1498 (7. 4.) Karl VIII. von Frankreich gestorben; Ludwig XII. wird französischer König (Haus Orléans).		1498 (Juli/Aug.) Kolumbus erreicht Trinidad und die Orinoco-Mündung. Vasco da Gama erreicht Indien.
	1499 Unterzeichnung des Ehevertrages zwischen Kronprinz Arthur und Katharina von Aragon.	1499 Erasmus von Rotterdam geht nach England. Erste Zuckerraffinerie Europas in Antwerpen gebaut.

Zeitgenossen und Ereignisse	Hofchronik	Kunst, Kultur und Wissenschaft
1500–1556 Karl I.		1500–1501 Pedro Alvarez Cabral erreicht Brasilien. 1500–1530 Zeit der Hochrenaissance in der bildenden Kunst. In England Ausklingen des »Perpendicular-Style« und Entwicklung des »Tudor-Style«.
	1501 (14. 11.) Heirat des Kronprinzen Arthur mit Katharina von Aragon; (Dezember) Arthur und Katharina übersiedeln von Baynard's (London) nach Ludlow Castle (Wales).	1501 Amerigo Vespucci segelt nach Südamerika: Amerika wird als selbständiger Erdteil erkannt.
	1502 (April) Tod Arthurs. (Aug.) Heiratsvertrag zwischen Heinrichs Schwester Margarete Tudor und König Jacob IV. von Schottland.	1502 Erasmus von Rotterdam »Enchiridion militis christiani« (Handbuch des christlichen Streites). Erste Neger als Sklaven nach Amerika gebracht.
1503 Papst Pius III., stirbt im selben Jahr. Papst Julius II. (Giuliano della Rovere). Durch dynastische Heirat Friede zwischen England und Schottland.	1503 Elisabeth von York, Mutter Heinrichs VIII., stirbt. Heinrich erhält den Titel des »Prinzen von Wales« und verlobt sich mit Katharina von Aragon (der Witwe Arthurs). (Jahresende) Päpstlicher Dispens für eine Heirat Heinrichs und Katharinas wird erteilt.	1503 Leonardo da Vinci malt die »Mona Lisa«. Albrecht Dürer malt sein »Selbstbildnis«.
1504 Heinrich VII. reformiert das englische Gerichtswesen.	1504 Katharina muß an den englischen Hof ziehen. Sie wird zur Botschafterin Spaniens erklärt.	
1506 Ende des Handelskrieges zwischen England und den Niederlanden.		1506 Papst Julius II. gibt den Neubau der Peterskirche in Auftrag (Donato Bramante).
	1507 (21. 12.) Karl von Habsburg verlobt sich mit Heinrichs Schwester Maria.	
1508 (10. 10.) Liga von Cambrai zwischen König Ludwig XII. von Frankreich, Kaiser Maximilian I., Papst Julius II. und Spanien gegen Venedig.		1508 Giorgione malt »Schlummernde Venus«. Michelangelo: Deckenfresko in der Sixtinischen Kapelle.
	1509 (21. 4.) Tod Heinrichs VII., Erhebung Heinrichs VIII. zum König.	1509–1564 Johannes Calvin. 1509 Erasmus von Rotterdam schreibt »Laus stultitae« (Lob der Torheit).

Zeitgenossen und Ereignisse	Hofchronik	Kunst, Kultur und Wissenschaft
	1509 (11. 6.) Eheschließung Heinrichs VIII. mit Katharina von Aragon. (23. 6.) Krönungs- und Hochzeitszeremoniell für Heinrich und Katharina.	
1510 (24. 2.) Papst Julius II. schließt Frieden mit Venedig.		1510 Martin Luther reist nach Rom. Peter Henlein erfindet die Taschenuhr. Thomas Morus schreibt »Das Leben des Johann Picus, Herzog von Mirandula«.
1511 Kirchenversammlung (schismatisches Konzil) von Pisa. Heilige Liga: Bündnis zwischen Kaiser, Spanien, Venedig, England, Schweiz, Papst gegen Frankreich.	1511 (1. 1.) Katharina von Aragon bringt einen Sohn zur Welt, der nach zwei Monaten stirbt.	
1512–1517 Laterankonzil. 1512–1514 Krieg Englands gegen Frankreich.		1512 (?) Raffael malt »Sixtinische Madonna«.
1513 Papst Leo X. (Giovanni de Medici); Heinrich VIII. siegt in der sogenannten Sporenschlacht über die Franzosen. (9. 9.) Sieg des englischen Heeres bei Flodden über Schottland, Jakob IV. fällt, König Jakob V.		1513 Niccolo Machiavelli veröffentlicht »Il Principe« (Der Fürst).
1514 (Aug.) Frieden zwischen England und Frankreich.	1514 Heinrichs Schwester Maria heiratet König Ludwig XII. von Frankreich. Ludwig stirbt im selben Jahr.	
1515–1547 Franz I. wird König von Frankreich.	1515 Maria, die heimlich Charles Brandon (Herzog von Suffolk) geheiratet hat, kehrt aus Frankreich zurück, feierliche Trauung. Kardinal Thomas Wolsey, Erzbischof von York, wird Lordkanzler.	1515 »Dunkelmännerbriefe« gegen Kirche und Papst. Wolsey läßt Hampton Court bauen.
1516–1556 Karl von Habsburg wird als Karl I. König von Spanien und Neapel-Sizilien. Konkordat von Bologna zwischen Franz I. und Papst: König erhält das Recht, Bischöfe und Äbte zu ernennen.	1516 (18. 2.) Maria, Tochter Heinrichs VIII. und Katharinas von Aragon, geboren.	1516 Thomas Morus veröffentlicht die »Utopia«.
1517 (1. 5.) Unruhen in London gegen französische Einwanderer.		1517 Tizian malt »Zinsgroschen«.

Zeitgenossen und Ereignisse	Hofchronik	Kunst, Kultur und Wissenschaft
1517 (31. 10.) Martin Luther schlägt seine 95 Ablaßthesen an die Schloßkirche zu Wittenberg.		
1518 Kardinal Wolsey wird päpstlicher Legat.	1518 Heiratsvertrag zwischen König Franz I. und Heinrichs Tochter Maria.	1518 Porzellan kommt aus China nach Europa.
1519 (28. 6.) Karl von Habsburg zum römisch-deutschen Kaiser gewählt.	um 1519 Henry Fitzroy, natürlicher Sohn Heinrichs VIII. und Elisabeth Blounts, geboren.	1519–1521 Erste Erdumsegelung durch Fernão Magalhães. (2. 5.) Leonardo da Vinci gestorben.
1520 (Sept.–April 1521) Aufstand der Comuneros in Spanien.	1520 (Sommer) Heinrich VIII. und Karl von Habsburg verhandeln am englischen Hof über eine Heirat Karls mit Tochter Maria. (Juni) Königstreffen auf dem »Goldbrokatfeld« zwischen Heinrich VIII. und Franz I.	1520 (4. 4.) Raffael gestorben.
1521–1526 Erster Krieg des französischen Königs Franz I. gegen Kaiser Karl V. 1521 (27. 1.) Karl V. eröffnet Reichstag zu Worms. (8.–26. 5.) »Wormser Edikt« verbietet die Reformation, Reichsacht über Luther.	1521 Heinrich VIII. schreibt »Assertio septem sacramentorum« gegen Ansichten Luthers. Papst Leo X. verleiht Heinrich den Titel »Fidei Defensor« (Verteidiger des Glaubens).	
1522 (9. 1.) Hadrian VI. (Adrian) von Utrecht wird Papst.	1522 (Juni) Bündnis zwischen Heinrich VIII. und Karl V., Bestätigung der Verlobung Karls mit Maria Tudor.	
1523 (19. 11.) Clemens VII. (Giulio de Medici) wird Papst. Gustav Wasa König von Schweden, Reformation in Schweden.		
1524–1525 Bauernkriege in Ober- und Mitteldeutschland, Salzburg und Tirol.	1524 Verletzung Heinrichs bei einem Turnier.	
1525 (24. 2.) Sieg der Kaiserlichen bei Pavia, spanische Truppen erobern Mailand.	1525 Heinrich verletzt sich bei der Jagd. Wolsey schenkt Heinrich Hampton Court.	1525 Tyndale übersetzt das Neue Testament ins Englische.
1526–1529 Zweiter Krieg Franz' I. gegen Karl V. 1526 (11. 3.) Karl V. heiratet in Sevilla Isabella von Portugal. (22. 5.) »Heiliger Bund« Liga von Cognac«)	1526 Scheitern der Verhandlungen über eine Verlobung von Heinrichs Tochter Maria Tudor mit Franz I.	

Zeitgenossen und Ereignisse	Hofchronik	Kunst, Kultur und Wissenschaft
1527 (6. 5.) »Sacco di Roma«: Soldaten Karls V. plündern Rom, Papst Clemens VII. bis Jahresende in Gefangenschaft. Frankreichreise Wolseys.	1527 (April) Englisch-französischer Vertrag über eine Heirat Heinrichs VIII. mit der französischen Prinzessin Renée. (10. 5.) Beginn des Scheidungsprozesses zwischen Heinrich VIII. und Katharina von Aragon.	1527 (22. 6.) Niccolo Machiavelli gestorben. Hans Holbein d. J. malt Thomas Morus.
		1528 Albrecht Dürer gestorben. (6. 4.) Castiglione entwirft das Idealbild eines Hofmannes (Il Cortegiano). Kopernikus begründet sein sonnenbezogenes Weltbild.
1529–1536 »Reformationsparlament« in England. 1529 (19. 4.) »Protestation« der evangelischen Reichsstände in Deutschland.	1529 (Juni) Beginn des öffentlichen Prozesses um die Scheidung der Ehe zwischen Heinrich VIII. und Katharina von Aragon. (18. 10.) Thomas Wolsey entlassen und verbannt, Sir Thomas More wird Lordkanzler.	1529 John Skelton, englischer Dichter, gestorben. Tabakpflanze kommt als Ziergewächs von Amerika nach Europa.
	1530 (29. 11.) Thomas Wolsey als Gefangener gestorben. (Dez.) Heinrich VIII. erhebt Anklage gegen den gesamten Klerus.	
	1531 Heinrich VIII. vom Klerus als oberster Schutzherr der Kirche anerkannt.	
	1532 Heinrich VIII. verweist Katharina vom Hof; Aberkennung des Titels »Königin«. Anna Boleyn wird zur Marquise von Pembroke ernannt. Heinrich VIII. wird zum »Supreme Head« der englischen Kirche erklärt. Thomas Morus tritt als Kanzler zurück.	
1533 (26./28. 10.) Französischer Thronfolger Heinrich (Heinrich II.) heiratet Katharina de Medici.	1533 (25. 1.) Heinrich VIII. heiratet heimlich Anna Boleyn. (Pfingsten) Krönung Annas.	
1533 Iwan IV., der Schreckliche, wird Großfürst von Moskau.	1533 (Juli) Papst Clemens VII. exkommuniziert Heinrich VIII. und Thomas Cranmer. (7. 9.) Elisabeth Tudor, spätere Königin Elisabeth I., als Tochter Heinrichs VIII. und der Anna Boleyn geboren.	

Zeitgenossen und Ereignisse	Hofchronik	Kunst, Kultur und Wissenschaft
1534 (13. 10.) Paul III. (Alessandro Fernese) Papst. Wiedertäuferbewegung von Münster niedergeworfen. Ignatius von Loyola gründet Jesuitenorden.	1534 Suprematsakte: Heinrich VIII. fordert von Beamten und Geistlichen den Eid, ihn als obersten Landes- und Kirchenherrn anzuerkennen.	
1535 (22. 6.) Bischof John Fisher hingerichtet. (6. 7.) Thomas Morus hingerichtet.	1535 Schwere Erkrankung Katharinas von Aragon.	1535 Anfänge einer Börse in London.
1536–1538 Dritter Krieg Franz' I. gegen Kaiser Karl V. 1536–1540 Aufhebung der Klöster in England.		
1536 Reformation in Dänemark. (Juli) Die »10 Artikel« der anglikanischen Kirche werden verkündet. (ab Sept.) »Pilgrimage of Grace« (Pilgerschaft der Gnade) zur Verteidigung des alten Glaubens, Unterwerfung der aufständischen Grafschaften. Wales an England angegliedert.	1536 (8. 1.) Katharina von Aragon in Kimbolton gestorben und beigesetzt. Heinrich VIII. wird beim Turnier verletzt, Königin Anna kommt vorzeitig mit totem Sohn nieder. (12. 5.) Smeaton, Norris, Brereton, Weston wegen ehebrecherischer Beziehungen zur Königin verurteilt (17. 5. hingerichtet), ebenfalls ihr Bruder Rocheford. (19. 5.) Anna Boleyn durch das Schwert hingerichtet. (20. 5.) Heinrich VIII. heiratet in dritter Ehe Jane Seymour. Heinrichs natürlicher Sohn Henry Fitzroy, Herzog von Richmond, gestorben.	1536 (12. 7.) Erasmus von Rotterdam (Gerhard Gerhards) in Basel gestorben. Kloster Malmesbury in England wird Tuchfabrik. Paracelsus schreibt eine Heilmittelkunde »Große Wunderarznei«.
1537 Gesetz zur Vereinheitlichung des Glaubens (»Geißel mit den sechs Riemen«) in England erlassen. Norwegen wird dänische Provinz, Reformation in Norwegen.	1537 (2. 10.) Eduard Tudor (später Eduard VI.) als Sohn Heinrichs VIII. und der Jane Seymour geboren, Jane stirbt nach der Geburt.	
1538 »Heilige Liga« gegen die Türken. Jakob V. von Schottland heiratet Marie von Guise.		1538 Kaffee kommt durch die Türken nach Europa.
1538 Thomas Becket (um 1118–1170), englischer Nationalheiliger, wird von König Heinrich VIII. zum Hochverräter erklärt.		1538 Heinrich läßt den Bau des Lustschlosses »Nonsuch« beginnen.
1539 »Six Articles« (Sechs Artikel) der anglikanischen Kirche.	1539 Anna von Kleve, Schwester des Herzogs von Kleve, reist nach England.	

Zeitgenossen und Ereignisse	Hofchronik	Kunst, Kultur und Wissenschaft
1540 (10. 6.) Verhaftung Thomas Cromwells. (28. 7.) Hinrichtung Cromwells.	1540 (6. 1.) Hochzeit Heinrichs VIII. mit Anna von Kleve. (9. 7.) Ehe Heinrichs mit Anna von Kleve wird für nichtig erklärt, Anna erhält als Abfindung Schloß Richmond und ein festes Einkommen. (Ende Juli/Anfang Aug.) Heirat Heinrichs VIII. mit Katharina Howard, der Nichte Norfolks.	
	1541 Heinrich VIII. nimmt den Titel eines »King of this land of Irland« (Königs von Irland) an. Margarete von Schottland (Schwester Heinrichs VIII.) gestorben.	1541 Michelangelos Gemälde »Das jüngste Gericht«. (24. 9.) Paracelsus (Theophrastus Bombastus von Hohenheim) gestorben.
1542–1544 Vierter Krieg Franz' I. gegen Karl V. 1542 (8. 12.) Maria Stuart als Tochter Jakobs V. von Schottland und seiner Frau Marie von Guise geboren. Papst Paul III. erneuert die Inquisition.	1542 (13. 2.) Katharina Howard hingerichtet (ihre Geliebten Durham und Culpeper bereits im Nov. 1541 hingerichtet).	1542 (11. 10.) Thomas Wyatt, englischer Dichter, gestorben.
1543–1546 Krieg Heinrichs VIII. gegen Frankreich und Schottland.	1543 (12. 7.) Heinrich VIII. heiratet in sechster Ehe Katharina Parr, verwitwete Lady Borough und Latimer.	1543 (24. 5.) Nikolaus Kopernikus gestorben. Hans Holbein d. J. in London gestorben.
1544 Heinrich VIII. und Kaiser Karl V. ziehen gemeinsam gegen Franz I.		1544 Erste Zuckerraffinerie Englands in London errichtet.
1545–1563 Konzil von Trient.		
1546–1547 »Schmalkaldischer Krieg«: Karl V. im Kampf mit den protestantischen Reichsständen Deutschlands. 1546 (7. 6.) Friedensschluß zwischen Heinrich VIII. und Franz I. Seit 1546 Calvinistische Reformation in Schottland durch John Knox.	1546 (Frühjahr/Sommer) Heinrich VIII. schwer erkrankt, Fieberanfall. (Nov.) Neuerlicher Fieberanfall, Lähmungserscheinungen.	1546 (18. 2.) Martin Luther in Eisleben gestorben. Bau des Louvre in Paris, von Pierre Lescot begonnen.
1547 (Jan.) Heinrich Howard, Graf von Surrey, wegen Hochverrats hingerichtet. (16. 1.) Iwan IV. Zar von Rußland (31. 3.) Franz I. von Frankreich gestorben. Aufhebung der »Six Articles« von 1539.	1547 (26. 1.) Heinrich VIII. in Westminster gestorben. Für Eduard VI. übernimmt zunächst Eduard Seymour die Regentschaft. (Mai) Katharina Parr heiratet Thomas Seymour.	

ANMERKUNGEN

1 Zitiert bei Grayeff, Felix: Heinrich VIII. Ein kraftvolles Leben. – München, 1978. – S. 58.
2 Zitiert bei Lacey, Robert: Heinrich VIII. Macht und Leidenschaft eines Königs. – Wiesbaden, 1978. – S. 20.
3 Ebenda. – S. 18.
4 Thomas Morus: Epigramme / hrsg. von Dietrich Lederer. – Berlin, 1985. – S. 20.
5 Zitiert bei Vercors: Anna Boleyn. 40 entscheidende Monate in Englands Geschichte. – Gernsbach, 1986. – S. 54.
6 Zitiert bei Lacey, Robert. – S. 21.
7 Ebenda. – S. 21 f.
8 Zitiert bei Brewer, J. S.: Reign of Henry VIII. From his Accession to the Death of Wolsey. – London, 1884. – S. 606.
9 Zitiert bei Krück von Poturzyn, Maria Josepha: Die Frauen Heinrichs VIII. – Hamburg, 1937. – S. 31.
10 Zitiert in: Das politische System Großbritanniens / hrsg. von Karl-Heinz Röder. – Berlin, 1985. – S. 21.
11 Vgl. Strong, Roy: Art and Power. Renaissance Festivals 1450-1650. – Woodbridge; Suffolk, 1984. – S. 14.
12 Barr, Edith: Große englische Kathedralen. – Stuttgart, 1962. – S. 13.
13 Vgl. Brewer, J. S. – S. 271.
14 Vgl. Strong, Roy: The Renaissance Garden in England. – London, 1979. – S. 35.
15 Zitiert in: Paläste, Schlösser, Residenzen / hrsg. von Hermann Boeckhoff u. a. – München, 1974. – S. 332.
16 Law, Ernest B. A.: A short History of Hampton Court. – London, 1979. – S. 35.
17 Zitiert bei Gothein, Marie Luise: Geschichte der Gartenkunst. – 2 Bde. – Bd. 2: Von der Renaissance in Frankreich bis zur Gegenwart. – Jena, 1926. – S. 51.
18 Ebenda. – S. 50.
19 Zitiert bei Schnack, Friedrich: Traum vom Paradies. Eine Kulturgeschichte des Gartens. – Hamburg, 1962. – S. 197.
20 Miller, Helen: Henry VIII and the English Nobility. – Oxford, 1986. – S. 101 und 256.
21 Durant, Will und Ariel: Kulturgeschichte der Menschheit. – Bd. 10. – Frankfurt am Main; Berlin; Wien, 1982. – S. 212.
22 Zitiert bei Clifford, Derek: Geschichte der Gartenkunst. – München, 1966. S. 182.

23 Elias, Norbert: Über den Prozeß der Zivilisation. – Bd. 1. – Frankfurt am Main, 1976. – S. 158.
24 Zitiert bei Döbler, Hannsferdinand: Kochkunst, Tafelfreuden, Eßkultur. – München, 1977. – S. 91.
25 Elton, Geoffrey R.: The Tudor Revolution in Government. Administrative Change in the Reign of Henry VIII. – Cambridge, 1966.
26 Williams, Neville: Henry VIII and his Court. – London, 1971. – S. 179.
27 Zitiert bei Hackett, Francis: Heinrich der Achte. – Frankfurt am Main, 1978. – S. 4.
28 Thomas Morus: Epigramme. – S. 28.
29 Zitiert bei Elias, Norbert. – S. 121.
30 Zitiert bei Droste, E.: Speise(n)folgen und Speise(n)-karten im historischen Kontext. – In: Essen und Trinken in Mittelalter und Neuzeit. – Sigmaringen, 1987. – S. 251 f.
31 Tannahill, Reay: Kulturgeschichte des Essens. Von der letzten Eiszeit bis heute. – München, 1979. – S. 192.
32 Zitiert bei Döbler, Hannsferdinand. – S. 181.
33 Zitiert bei Elias, Norbert. – S. 208.
34 Zitiert bei Tannahill, Reay. – S. 204.
35 Ebenda.
36 Zitiert bei Biehn, Heinz: Feste und Feiern im alten Europa. – München, 1962. – S. 210 f.
37 Zitiert bei Grayeff, Felix. – S. 61.
38 Lacey, Robert. – S. 24.
39 Zitiert bei Hackett, Francis. – S. 123.
40 Fuchs, Eduard: Illustrierte Sittengeschichte in sechs Bänden. – Bd. 1. – Frankfurt am Main, 1985. – S. 126 f.
41 Ebenda. – S. 229.
42 Zitiert bei Lacey, Robert. – S. 17.
43 Zitiert bei Grayeff, Felix. – S. 59.
44 Zitiert bei Krück von Poturzyn, Maria Josepha. – S. 11.
45 Zitiert bei Brewer, J. S. – Bd. 1. – S. 232.
46 Four Years at the Court of Henry VIII. Selections of Despatches, written by the Venetian Ambassador Sebastian Guistinian, and addressed to the Signory of Veneci January 12th 1515, to July 26th 1519. – 2 Vols. – London, 1854 (im folg.: Giustinian). – V. 2. – S. 161.
47 Zitiert bei Lacey, Robert. – S. 70 f.
48 Ebenda. – S. 87.
49 Zitiert bei Hackett, Francis. – S. 216.
50 Zitiert bei Lacey, Robert. – S. 71.
51 Ebenda. – S. 73.

52 Williams, Neville. – S. 124.
53 Vercors. – S. 134 ff.
54 Boeckhoff, Hermann. – S. 336.
55 Zitiert bei Neals, John E.: Königin Elisabeth I. von England. – München, 1985. – S. 16.
56 Zitiert bei Hackett, Francis. – S. 313.
57 Vgl. Bowle, John E.: Henry VIII. A Biographie. – London, 1964. – S. 225.
58 Ebenda. – S. 226.
59 Vgl. Williams, Neville. – S. 176.
60 Vgl. Bowle, John E. – S. 227.
61 Vgl. Williams, Neville. – S. 178.
62 Vgl. Jerrold, Walter: Henry VIII and his Wives. – London, 1926. – S. 226.
63 Ebenda. – S. 225.
64 Ebenda. – S. 209.
65 Vgl. Bowle, John E. – S. 82.
66 Zitiert bei Williams, Neville. – S. 58.
67 Giustinian. – V. 2. – S. 225.
68 Zitiert bei Lacey, Robert. – S. 55.
69 Vgl. Jerrold, Walter. – S. 98.
70 Vercors. – S. 62 f.
71 Ebenda. – S. 63.
72 Zitiert in: Europas Fürstenhöfe. Herrscher, Politiker und Mäzene 1400–1800 / hrsg. von Artur G. Dickens. – Graz; Wien; Köln, 1974. – S. 104.
73 Ebenda. – S. 114.
74 Zitiert bei Durant, Will. – Bd. 9. – S. 539.
75 Vgl. Farrow, John: The Story of Thomas More. – London, 1956. – S. 99.
76 Fuchs, Eduard. – Bd. 2. – München, 1985. – S. 46.
77 Vgl. Bowle, John E. – S. 269. f.
78 Hackett, Francis. – S. 262.
79 Zitiert bei Williams, Neville. – S. 213.
80 Zitiert bei Lacey, Robert. – S. 67.
81 Zitiert bei Durant, Will. – Bd. 9. – S. 552.
82 Das Leben des Sir Thomas More. – Leipzig, 1741. – S. 41.
83 Zitiert bei Durant, Will. – Bd. 9. – S. 561.
84 Ebenda. – S. 560.
85 Ebenda. – S. 561.
86 Vgl. Das Leben des Sir Thomas More. – S. 56.
87 Ebenda. – S. 53.
88 Ebenda. – S. 210.
89 Zitiert bei Grayeff, Felix. – S. 198.
90 Zitiert bei Farrow, John. – S. 197.
91 Zitiert bei Herbert, Edward: The Life and Reign of King Henry VIII. Together with a General History of those Times. – London, 1740. – S. 312.
92 Zitiert bei Durant, Will. – Bd. 9. – S. 568.
93 Zitiert bei Roper, William: The Life of Sir Thomas More / hrsg. von E. V. Hitchcock. – London, 1935. – S. 56 f.
94 Vgl. Durant, Will. – Bd. 9. – S. 559.
95 Zitiert bei Grayeff, Felix. – S. 197.
96 Vgl. Durant, Will. – Bd. 9. – S. 580.
97 Zitiert bei Williams, Neville. – S. 195.
98 Ebenda. – S. 249.
99 Vgl. Pollard, Alfred. F.: Henry VIII. – London, 1951. – S. 337, und Hacket, Francis. – S. 523, die über Transportmaschinen für Heinrich schreiben, während Williams, Neville. – S. 249, und Bowle, John. E. – S. 290, sich gegen diese Version aussprechen.
100 Zitiert bei Hackett, Francis. – S. 461.
101 Vgl. Bowle, John, E. – S. 295.
102 Zedler, Johann Heinrich: Großes vollständiges Universallexikon. – Bd. 12. – Graz, 1961. – Spalte 1456.
103 Vgl. Bowle, John, E. – S. 299.

LITERATURHINWEISE

Anderson, Perry: Die Entstehung des absolutistischen Staates. – Frankfurt am Main, 1979.

Anglo, Sidney: Spectacle, Pageantry and Early Tudor Policy. – Oxford, 1969.

Aspekte des europäischen Absolutismus. Vorträge aus Anlaß des 80. Geburtstages von Georg Schnath/hrsg. von Hans Palza. – Hildesheim, 1979.

Backhaus, Helmut M.: Das Abendland im Kochtopf. Kulturgeschichte des Essens. – München, 1978.

Barr, Edith: Große englische Kathedralen. – Stuttgart, 1962.

Beckingsdale, Bernhard W.: Thomas Cromwell – Tudor Minister. – London, 1978.

Biehn, Heinz: Alle Kronen dieser Welt. – München, 1974.

Biehn, Heinz: Die Kronen Europas und ihre Schicksale. – Wiesbaden, 1957.

Biehn, Heinz: Feste und Feiern im alten Europa. – München, 1962.

Bowle, John E.: Henry VIII: A Biography. – London, 1964.

Bradfield, N.: Historical Costumes of England from the eleventh to the twentieth Century. – London, 1938.

Brewer, J. S.: Reign of Henry VIII. From his Accession to the Death of Wolsey. – 2 Vols. – London, 1884.

Brooke, Iris (drawn and described): English Costume in the Age of Elizabeth. The Sixteenth Century. – 4. Aufl. – London, 1967.

Burke, Peter: Helden, Schurken und Narren. Europäische Volkskultur in der frühen Neuzeit. – München, 1985.

Caltrop, D. C.: English Costume. – 1906.

Chronicle of King Henry VIII of England. – London, 1889.

Clifford, Derek: Geschichte der Gartenkunst. – München, 1966.

Coleman, Donald, C.: The Economy of England 1450 bis 1750. – London, 1977.

Cowley, Robert: Schatzkammern und Herrscherhäuser der Welt. Die Herrscher Britanniens. – München, 1989.

Dickens, Arthur G.: The English Reformation. – London, 1964.

Dickmann, J. J.: Das Nahrungswesen in England vom 12. bis 15. Jahrhundert. – In: Anglia. Zeitschrift für englische Philosophie. – Bd. XXVII. – Neue Folge Bd. XV. – Halle a. S., 1904.

Döbler, Hannsferdinand: Kochkunst, Tafelfreuden, Eßkultur (Döblers Kultur- und Sittengeschichte der Welt). – München, 1977.

Durant, Will und Ariel: Kulturgeschichte der Menschheit. – Bd. 9: Durant, Will und Ariel: Das Zeitalter der Reformation. – Frankfurt am Main; Berlin; Wien; 1982. – Bd. 10: Durant, Will: Gegenreformation und Elisabethanisches Zeitalter. – Frankfurt am Main; Berlin; Wien, 1982.

Elias, Norbert: Die höfische Gesellschaft. Untersuchungen zur Soziologie des Königtums und der höfischen Aristokratie. Mit einer Einleitung: Soziologie und Geschichtswissenschaft. – Frankfurt am Main, 1983.

Elias, Norbert: Über den Prozeß der Zivilisation. Soziogenetische und psychogenetische Untersuchungen. – Bd. 1: Wandlungen des Verhaltens in den weltlichen Oberschichten des Abendlandes. – Bd. 2: Wandlungen der Gesellschaft. Entwurf zu einer Theorie der Zivilisation. – Frankfurt am Main, 1976.

Elton, Geoffrey R.: England unter den Tudors. – München, 1983.

Elton, Geoffrey R.: Europa im Zeitalter der Reformation 1517–1559. – München, 1982.

Elton, Geoffrey R.: Studies in Tudor and Stuart Politics and Government. – Bd. I und II. – Cambridge, 1974.

Elton, Geoffrey R.: The Tudor Revolution – Administrative Changes in the Reign of Henry VIII. – Cambridge, 1953.

Elton, Geoffrey R.: The Tudor Revolution in Government. Administrative Changes in the Reign of Henry VIII. – Cambridge, 1966.

Erasmus von Rotterdam: Lob der Torheit. – Basel, 1947.

Essen und Trinken in Mittelalter und Neuzeit. – Sigmaringen, 1987.

Eßkultur vom Mittelalter bis zur Gegenwart. – St. Pölten, 1983.

Europas Fürstenhöfe. Herrscher, Politiker und Mäzäne 1400–1800/hrsg. von Arthur G. Dickens. – Graz; Wien; Köln, 1978.

Farrow, John: The Story of Thomas More. – London, 1956.

Fehlig, Uta: Mode gestern und heute. Ein kulturhistorischer Abriß. – Leipzig, 1985.

Four Years at the Court of Henry VIII. Selections of Despatches, written by the Venetian Ambassador Sebastin Giustinian and adressed to the Signory of Veneci January 12th 1515, to July 26th 1519. – 2 Vols. – London, 1854.

Fuchs, Eduard: Illustrierte Sittengeschichte in sechs Bänden. – Bd. 1: Renaissance Teil I, ausgewählt und eingeleitet v. T. Huonker. – Frankfurt am Main, 1985. – Bd. 2: Renaissance Teil II. – Frankfurt am Main, 1985.

Gasquet, F. A.: Henry VIII and the English Monastreries. – London, 1906.

Gotch, J. A.: English Renaissance Architecture. – 1901.

Gothein, Marie Luise: Geschichte der Gartenkunst. – München, 1966.

Grayeff, Felix: Heinrich VIII. Ein kraftvolles Leben. – München, 1978.

Gruber, Alan-Charles: Kostbares Eßbesteck des 16. bis 18. Jahrhunderts. – Zürich, 1976.

Hackett, Francis: Heinrich der Achte. – Frankfurt am Main, 1978.

Herbert, Edward: The Life and Reign od King Henry VIII. Together with a General History of those Times. – London, 1740.

Jerrold, Walter: Henry VIII and his Wives. – London, 1926.

Krück von Poturzyn, Maria Josepha: Die Frauen Heinrichs VIII. – Hamburg, 1937.

Kruedener, Jürgen von: Die Rolle des Hofes im Absolutismus. – Stuttgart, 1973.

Kybalová, Ludmila; Herbanová, Olga; Lamarová, Milena: Das große Bilderlexikon der Mode. Vom Altertum bis zur Gegenwart. – Prag, 1973.

Lacey, Robert: Heinrich VIII. Macht und Leidenschaft eines Königs. – Wiesbaden, 1978.

Law, Ernest B. A.: A short History of Hampton Court. – London, 1897.

Das Leben des Sir Thomas More. – Leipzig, 1741.

Life under the Tudors. – London, 1950.

Loades, David M.: Politics and the Nation. – London, 1977.

Loschek, Ingrid: Reclams Mode- und Kostümlexikon. – Stuttgart, 1987.

Meyer, Ernst H.: Early English Chamber Music. From the Middle Ages to Purcell. – 2. Aufl. – London, 1982.

Miller, Helen: Henry VIII and the English Nobility. – Oxford, 1986.

Morrison, N. B.: The Private Live of Henry VIII. – London, 1964.

Morton, Arthur L.: Volksgeschichte Englands. – Berlin, 1956.

Morton, Henry V.: England. Wanderungen durch Vergangenheit und Gegenwart. – Frankfurt am Main, 1974.

Neale, John E.: Königin Elisabeth I. von England. – München, 1985.

Paläste, Schlösser, Residenzen/hrsg. von Hermann Boeckhoff u. a. – München, 1974.

Pickhorn, K. W. M.: Early Tudor Government: Henry VIII. – 1934.

Das politische System Großbritanniens/hrsg. von Karl-Heinz Röder. – Berlin, 1985.

Pollard, Alfred F.: Henry VIII. – London, 1951.

Pollard, Alfred F.: Wolsey. – London, 1929.

Ranke, Leopold von: Maria Stuart und ihre Zeit. – Berlin, 1942.

Roper, William: The Life of Sir Thomas More/hrsg. von E. V. Hitchcock. – London, 1935.

Salomon, Felix: Geschichte Englands von den Anfängen bis zur Gegenwart. – Leipzig, 1923.

Scarisbrick, John J.: Henry VIII. – London, 1988.

Schiedlausky, Günther: Essen und Trinken. Tafelsitten bis zum Ausgang des Mittelalters. – München, 1956.

Schnack, Friedrich: Traum vom Paradies. Eine Kulturgeschichte des Gartens. – Hamburg, 1962.

Schulz, Friedrich: Die Hanse und England. Von Eduard III. bis auf Heinrichs Zeit. – Aalen, 1978.

Strong, Roy: Art and Power. Renaissance Festivals 1450–1650. – Woodridge; Suffolk, 1984.

Strong, Roy: The Renaissance Garden in England. – London, 1979.

Tannahill, Reay: Kulturgeschichte des Essens. Von der letzten Eiszeit bis heute. – München, 1979.

Thomas Morus: Epigramme/hrsg. von Dietrich Lederer. – Berlin, 1985.

Vercors: Anna Boleyn. 40 entscheidende Monate in Englands Geschichte. – Gernsbach, 1986.

Walker, Ernest: History of Music in England. – 1907.

Wende, Peter: Geschichte Englands. – Stuttgart; Berlin; Köln; Mainz, 1985.

Wengel, Tassilo: Gartenkunst im Spiegel der Zeit. – Leipzig, 1985.

Whistler, L.: The English Festivals. – 1947.

Williams, Neville: Henry VIII and his Court. – London, 1971.

Young, Alan: Tudor and Jacobean Tournament. – London, 1987.

Die geradestehenden Zahlen verweisen auf den Textteil, einschließlich der Textabbildungen, die kursiven auf Nummern im Bildteil.

PERSONENREGISTER